Jelly
Jelly
Jelly

노벨상 수상자가 들려주는
미생물 이야기

아잉!
아잉!
나처럼 귀여운
세균 봤어?

노벨상 수상자가 들려주는
미생물 이야기
아서 콘버그 글 이지윤 옮김 임정빈 감수 로베르토 콜터 사진 애덤 알라니츠 그림

글 아서 콘버그

1918년 미국 뉴욕에서 태어나 뉴욕 시티 칼리지와 로체스터 대학교에서 화학과 생물학을 공부했습니다. 디옥시리보핵산(DNA)을 복제하는 데 작용하는 효소의 역할을 발견한 공로로 1959년에 노벨 생리의학상을 수상했습니다. 같은 해에 미국 스탠퍼드 대학교 의과대학에 생화학과를 처음으로 만들었습니다. 《노벨상 수상자가 들려주는 미생물 이야기》 외에도 수많은 교과서들과 《효소 사랑: 한 생화학자의 오디세이 *For the Love of Enzymes: The Odyssey of a Biochemist*》, 《황금 나선: 생물 공학의 모험 속으로 *The Golden Helix: Inside Biotech Ventures*》와 같은 자서전들을 썼습니다. 오랫동안 열정적으로 학생들을 가르치다가 2007년 10월에 세상을 떠났습니다.

옮김 이지윤

미국 유타 대학교 영화과를 졸업했습니다. 의료 및 제약 관련 회사에서 일했고, 현재는 과학 관련 기관에서 일하고 있습니다. 과학이 들려주는 이야기에 푹 빠져 과학 교양서 번역가로 활동하고 있습니다. 옮긴 책으로 《불면증과의 동침》, 《스트레스》(공역)가 있습니다.

감수 임정빈

미국 매사추세츠 공과대학(M.I.T)에서 생화학 박사 학위를 받았고, 미국 오크리지 국립 연구소 연구원, 독일 콘스탄츠 대학교 화학과 객원 교수를 지냈습니다. 서울대 유전공학 연구소 소장, 서울대 생명공학 공동연구원 원장, (사)한국 미생물학회 회장, (사)한국 분자세포 생물학회 회장을 맡으며 한국 과학의 발전을 위해 노력하였고, 1994년에 한국과학상(생명과학 분야)을 수상했습니다. 지금은 서울대 자연과학대학 생명과학부 교수로 학생들을 가르치고 있습니다.

사진 로베르토 콜터

미국 카네기멜론 대학교, 샌디에이고 대학교, 스탠퍼드 대학교에서 공부하고, 1983년부터 하버드 대학교 의과대학에서 미생물학 및 분자 유전학을 가르쳤습니다. 미생물의 세계를 사진으로 찍어 사람들에게 보여 주기를 좋아하는 콜터 박사는 〈세균학 저널 *Journal of Bacteriology*〉의 표지에 처음 그림을 싣기 시작한 사람이기도 합니다. 1999년부터는 〈세균학 저널〉의 표지를 편집했는데, 이 책에 담긴 사진들 가운데 많은 사진들이 표지로 쓰였습니다.

그림 애덤 알라니츠

미국 캘리포니아 주 패서디나에 있는 아트 센터 디자인 대학교를 졸업했습니다. 이 책의 신기하고 익살스러운 세균 그림들을 그리기 위해 수많은 학술 자료를 읽고 전자 현미경 사진을 보며 열심히 공부했습니다.

노벨상 수상자가 들려주는

미생물 이야기

아서 콘버그 글 | 이지윤 옮김 | 임정빈 감수 | 로베르토 콜터 사진 | 애덤 알라니츠 그림

1판 1쇄 발행 2009년 9월 30일 **1판 13쇄 발행** 2023년 8월 14일 **만든이** 정중모 **만든곳** 톡
등록 1988년 1월 21일(제406-2000-000202호) **주소** 경기도 파주시 회동길 152 **전화** 031-955-0670 **팩스** 031-955-0661
ISBN 978-89-6155-164-9 77470

Germ Stories
by Arthur Kornberg

어린이제품안전특별법에 의한 제품 표시
제조자명 파랑새(톡) | 제조년월 2023년 8월 | 제조국 대한민국 | 사용연령 7세 이상

일러두기

1. 이 책의 사진은 미국 미생물학회의 동의를 얻고 실은 것입니다. 출판사의 동의 없이 무단으로 사용할 수 없습니다.
2. 이 책 82쪽에 각각의 사진을 촬영한 사람을 밝혀 두었습니다.

톡은 생각을 톡(toc) 티워 주고, 마음속에 담긴 이야기(talk)를 나눌 수 있는 책을 만듭니다.

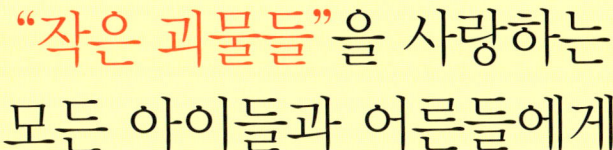

"작은 괴물들"을 사랑하는
모든 아이들과 어른들에게

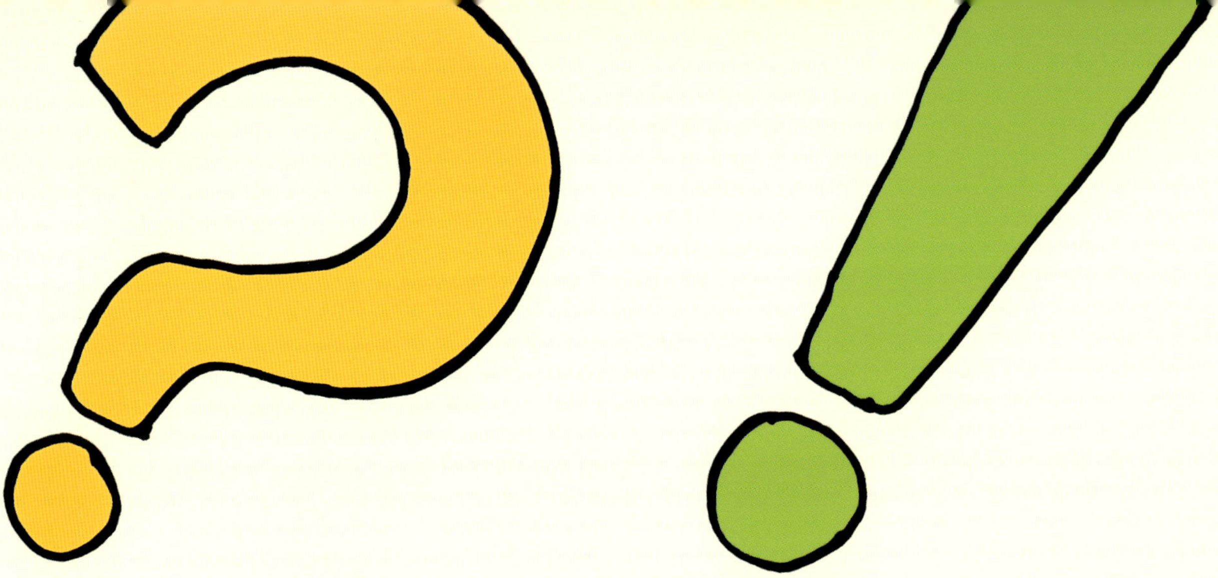

차례

이 책을 읽는 한국의 어린이들에게 … 9　　이야기를 시작하며 … 10

세균들의 행진 13

황색포도상구균 (식중독) 17

장티푸스균 (장티푸스) 23

파상풍균 (파상풍) 29

맥주효모균 (발효) 35

폐렴연쇄상구균 (폐렴) 41

황색점액균 세균들의 전쟁 47

헬리코박터 파일로리균 위궤양 51

푸른곰팡이 페니실린 55

소아마비 바이러스 소아마비 61

인간 면역 결핍 바이러스 에이즈 67

세균들의 동물원 73

꼬마 과학자들을 위한 용어 사전 … 77

이 책이 만들어지기까지 … 82

포자를 만드는 바실루스균의 군체!

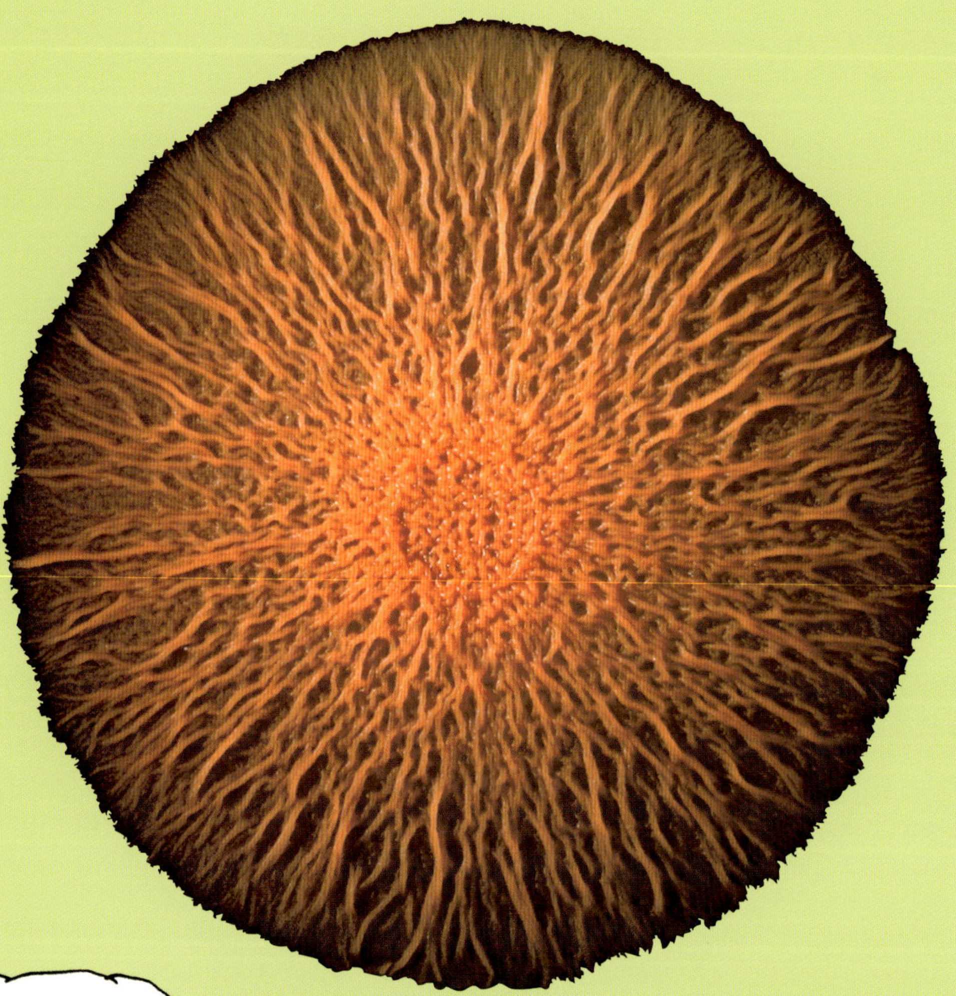

일자 드라이버의 끝에는 바실루스균의 군체들이 약 10,583개나 있어.

와! 엄청나다!
군체란? 생물들이 집단을 이룬 것을 말해!

이 책을 읽는 한국의 어린이들에게

과학에 대한 아버지의 열정과 사랑이 고스란히 담긴 책

저의 아버지 아서 콘버그 박사는 불가사의한 세포들의 활동을 밝혀내기 위해 70년 가까이 연구에 전념했습니다. 아버지는 세포와 과학의 세계를 다룬 책들을 많이 쓰셨는데, 마지막으로 쓰신 《노벨상 수상자가 들려주는 미생물 이야기》는 어린이들을 위해 쓴 유일한 책입니다. 아버지가 살아 계실 때 이 책이 출판되었고, 아버지는 책에 등장하는 손자 손녀들 한 명 한 명과 함께 보며 매우 즐거워했습니다.

아버지는 생물의 화학적 성질에 대해 생각하고, 이야기하고, 글을 쓰는 일을 이 세상 그 무엇보다도 재미있어 했습니다. 많은 사람들이 아버지를 위대한 조언자이자 스승으로 기억합니다. 아버지는 사람들이 과학을 사랑하고 감사하는 마음을 가질 수 있도록 영감을 불어넣는 일에 남다른 열정을 갖고 계셨고, 이 책은 그 열정이 고스란히 담긴 책입니다.

"미생물 이야기"는 저와 형제인 로저와 톰의 어린 시절인 1950년대에 시작되었습니다. 잠자리에 들기 전, 아버지는 거실 소파에 앉아 미생물에 관한 이야기들을 흥미진진하고 극적인 동화처럼 꾸며서 들려주었지요. 이 책은 그 빛바랜 나날들의 메아리이며 이 책의 첫 번째 독자인 손자 손녀들을 향한 사랑의 메시지이기도 합니다.

아버지는 이 책을 작은 괴물들을 사랑하는 모든 아이들과 어른들에게 바쳤습니다. 로저와 톰과 저 또한 이 책을 읽는 한국의 어린이들이 책장을 넘기며 얻은 기쁨과 영감을 영원히 간직할 수 있기를 기대합니다.

2009년 7월, 켄 콘버그

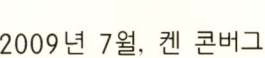

켄 콘버그는 아서 콘버그의 셋째 아들로 자신의 이름을 딴 건축 회사 "콘버그 어소시에이츠 Kornberg Associates"를 운영하는 유명한 건축가입니다. 켄은 세계적으로 유명한 생명 공학 연구소들을 설계했습니다.

이야기를 시작하며

세 아들과 손자 손녀들에게 들려준 이야기

50년도 더 전에, 세 아들의 침대 머리맡에 앉아 상상의 나래를 펼치며 미생물 이야기를 들려준 적이 있습니다. 이야기가 어떤 내용이었는지는 잘 기억나지 않지만, 내가 의학을 공부하면서 알게 된 사실들과 미생물학 수업을 들은 경험이 바탕이 되었을 거예요. 하지만 그 시절에 우리는 "착한 괴물들"만 공부했고, 병원성 미생물과 같이 "나쁜 괴물들"에 관해서는 절대 이야기하지 않았지요.

세 아들이 어른이 된 뒤에 오랫동안 강연 여행을 떠난 적이 있었어요. 여덟 명의 손자 손녀들을 차례로 하나둘씩 데리고 갔는데, 아들들이 그 아이들에게도 "미생물 이야기"를 들려주라고 부탁하더군요. 예전처럼 이야기를 만들어 내기에는 힘이 부쳤던 터라 이야기 대신 유익하면서도 재미있는 시를 지었어요. 그리고 시 하나하나에 손자 손녀들의 이름을 넣었답니다.

가족들과 친구들은 내가 지은 시들을 10년 넘게 돌려 보았어요. 그러다가 유니버시티 사이언스 북스 출판사에서 "미생물 이야기"를 책으로 만들면 어떻겠냐고 물었습니다. 나는 책을 만들면서 세 가지 이야기를 덧붙였어요.

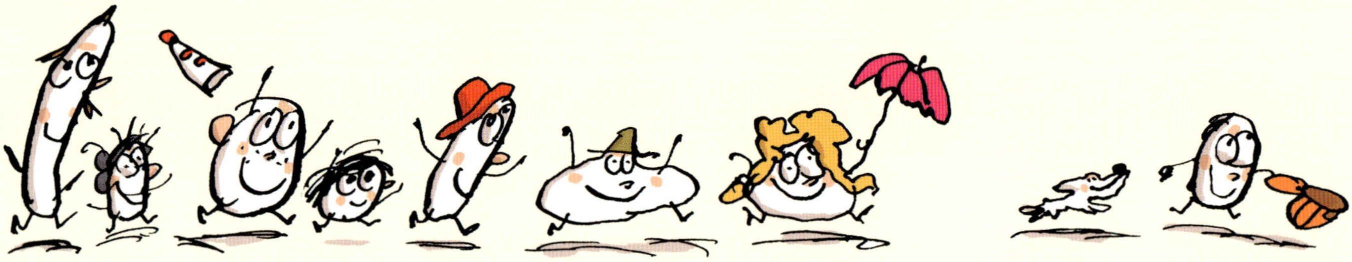

하나는 고대부터 우리 배 속에 전해 내려오는 중요한 세균인
“헬리코박터 파일로리균” 이야기, 또 다른 하나는 먹보 중의 먹보 “황색점액균” 이야기,
마지막으로 우리 몸속에 있는 세포 숫자의 10배가 넘는 수조 개의
독특한 세균들에 대해 설명하는 “세균들의 동물원”입니다.

가장 눈에 띄게 달라진 내용은 “에이즈” 이야기의 마지막 구절입니다.
사람의 목숨을 위험하게 만들었던 병인 에이즈는 과학이 발전하면서 의학적으로
관리할 수 있게 되었습니다. 덕분에 나는 이 시를 행복한 결말로 매듭지을 수 있었지요.

브루스 암부르스터와 윌스티드 앤 테일러의 직원들, 특히 내 원고를 멋지게 정리해 준
크리스틴 테일러와 멜로디 레시나, 그림을 그려 준 애덤 알라니츠 씨와
사진을 제공해 준 로베르토 콜터 교수님에게 진심으로 감사드립니다.

자, 그럼 지금부터 “미생물 이야기”를 시작해 볼까요?

아서 콘버그

세균들의 행진

서두르자, 서둘러!
세상에서 가장 별난 녀석들이 지나간다!

다리도 없고, 지느러미도 없고, 입도 없고, 눈도 없네.
작고 작은 괴물들이라네.

너무너무 작아서 보이지도 않아!
"도대체 얼마나 작은데 그래요?"

잭, 눈을 감고 상상해 봐.
조그만 점 하나, 모래 알갱이 한 알.

고 작은 알갱이를 잘게 부숴서
더 작은 알갱이 1,000개를 만들어 봐.

작고 작은 알갱이 하나하나에
수천 개의 세균들을 꾹꾹 채워 봐.

그래도 세균들에게는 아주 넓은 방이지.
헤엄치고 재주넘고 발을 구르고도 남을 만큼!

"어디 있어요? 보고 싶어요!"
가지가지 세균들을 모조리 보고 싶다고?

땅속에도 공기 중에도
네 피부랑 손톱, 머리카락에도 얼마든지 있단다.

이빨에 낀 치석을 살짝 긁어 봐.
신발 밑의 진흙을 살짝 떼어 봐.

그걸 깨끗한 유리판에 묻혀서
현미경으로 확대해 봐.

어때? 굉장하지?
불빛 속에 펼쳐지는 새로운 세상!

잠잠한 덩어리 사이를 요리조리,
신나게 돌아다니는 짧고 긴 막대기들.

날씬이와 뚱뚱이.
외톨이와 패거리!

"우아! 복슬복슬 괴물들이 헤엄쳐요!
꼬물꼬물 지렁이가 꿈틀대요!

세균들이 내 몸에서도 살 수 있나요?
강아지랑 고양이랑 물고기 몸에서는요? 나무 속에서는요?"

그래, 잭. 물어볼 필요도 없어.
네 배 속은 세균들의 동물원이란다.

어떤 세균들은 너를 도와주는 착한 손님들.
어떤 세균들은 너를 괴롭히는 골칫덩이들.

자, 얘들아!
착한 세균도 나쁜 세균도 모두 가르쳐 줄게.
우릴 기쁘게 할지 슬프게 할지 두고 보자꾸나!

식중독을 일으키는

황색포도상구균

황색포도상구균은 네 손과 머리카락에 붙어 있어.
네 콧구멍 속에도 숨어 있지. 사실 어디에나 있어!

가시에 찔리면 몸속으로 들어와.
수백만 마리 세균들이 우글우글 자라나.

하지만 세포와 항체에겐 누워서 떡 먹기!
침입자들을 단번에 쓸어 버리지.

옹기종기 에워싸기만 하면 경기 끝!
세포와 항체의 승리!

가까스로 살아남은 황색포도상구균은
빵집 아저씨 손에서 또 다른 계략을 꾸몄어.

이번에는 따끈한 커스터드 파이 속으로 쏙!
아이고, 이걸 어쩌나!

세균들은 무럭무럭 자라나서
배탈 나는 독을 피용피용 뿜어냈어.

학교에서 돌아온 제시카는
부엌에서 파이를 보고 군침을 흘렸어.

저녁 먹을 때까지 참을 수가 없었지.
그래서 한 조각, 두 조각…… 파이를 먹기 시작했어.

너무너무 맛있어서 멈출 수가 없었어.
너무너무 배 불러서 움직일 수가 없었어.

그날 밤, 제시카는 기분이 좋지 않았어.
배가 살살 아프고 머리도 지끈거렸거든.

제시카는 화장실로 후닥닥 뛰어갔어.
화장실, 방, 화장실, 방…… 멈출 수가 없었지.

"엄마, 더워요. 방이 빙글빙글 돌아요. 추워요."
"어머나, 우리 아가! 가여워서 어쩌나!

제이콥 선생님, 빨리 와 주세요!
우리 제시카가 많이 아파요!"

"식중독입니다.
음식을 잘못 먹었군요.

빨리 병원으로 데려가세요!
링거와 주사를 맞고 간호를 받아야 해요."

며칠이 지나자 제시카는 나아지기 시작했어.
푸짐한 저녁 식사가 다시 그리워졌지.

근데 그거 아니? 이제 제시카는
파이를 보고도 군침을 흘리지 않게 됐어.

자, 알겠지?
음식을 만지기 전엔 손을 꼭 씻어야 해.
세균이 괴롭히지 못하게 말이야. 꼭!

바이오필름 표면에서 자라는 황색포도상구균!

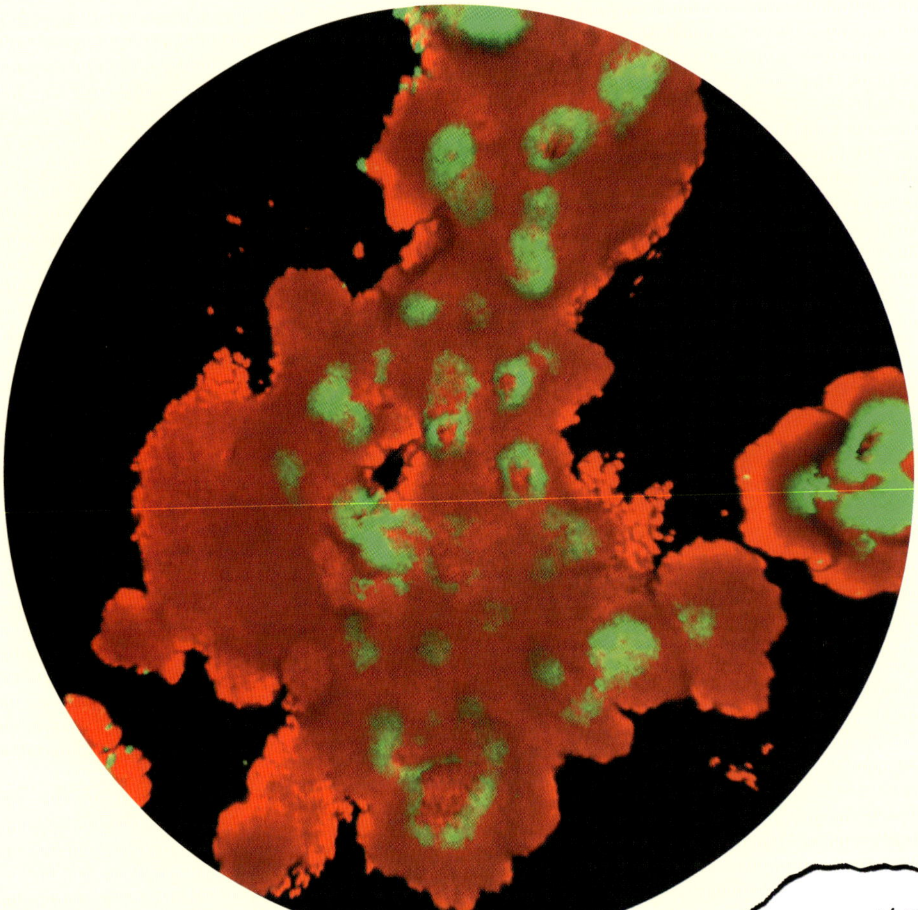

바이오필름이란?
세균들이 모여서
막을 이룬 것을 말해.

와플 기계의
작은 구멍 하나에
황색포도상구균의 군체를
약 22,473,516,200개나
채울 수 있어.

황색포도상구균

황색포도상구균(*Staphylococcus aureus*)은

피부나 점막에서 쉽게 찾을 수 있어. 동그란 세포(구균)들이

포도송이처럼 붙어 있어서 '포도상구균'이라는 이름이 붙었지.

이 녀석들이 우리 몸속으로 침입해서 독소를 뿜어내면

구토, 설사, 복통을 일으키는데 이게 바로 식중독이야.

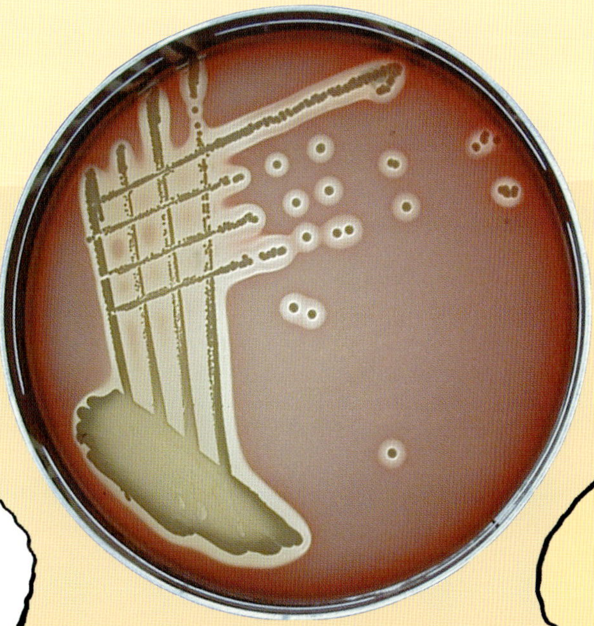

적혈구 세포를 분해해서
이 사진처럼 균체 주변에
투명한 공간을 만들어요!
저요!
저요!

장티푸스를 일으키는

장티푸스균

"소피, 음식을 그대로 남겼잖아?"
"미안해요, 엄마. 별로 먹고 싶지 않아요."

"어서 침대에 누우렴. 얼굴빛이 안 좋구나."
"배가 아파요. 머리도 아파요."

다음 날 아침, 소피는 오들오들 떨었어.
"만지지 마세요. 아프다고요!"

체온을 재 보니 40도!
온몸에 울긋불긋 빨간 점들이 나타났어.

하지만 무슨 병인지 알 수가 없었지.
의사 선생님도 알쏭달쏭 고개만 갸웃거렸어.

삐뽀삐뽀! 잠시 후 구급차가 도착했어.
소피는 큰 병원에 가서 검사를 받았지.

드디어 검사 결과가 나왔어. 소피의 몸속에는……
장티푸스균이 숨어 있었던 거야! 어쩌나!

몇 주 동안 장티푸스에 시달린 소피는
장티푸스균을 몰아내는 항생제를 먹었어.

소피가 의사 선생님께 물었어.
“나쁜 장티푸스균은 어디서 온 걸까요?”

“소피, 잘 생각해 보렴.
이상한 음식을 먹거나 마시지 않았니?”

소피는 곰곰이 생각해 봤어.
‘뭐가 있을까? 학교가 끝나고……’

“아, 생각나요! 집에 오는 길이었어요.
너무 피곤하고 목마르고 더웠어요.

마침 길가에 시냇물이 흘렀어요.
맑고 신선하고 시원해 보였어요.

한 모금 마셨는데 너무 시원해서
배가 뽈록해질 때까지 계속 마셨어요.”

사람들은 시냇물이 시작되는 곳으로 거슬러 올라갔어.
짐작대로 그곳에는 한 여자가 살고 있었지.

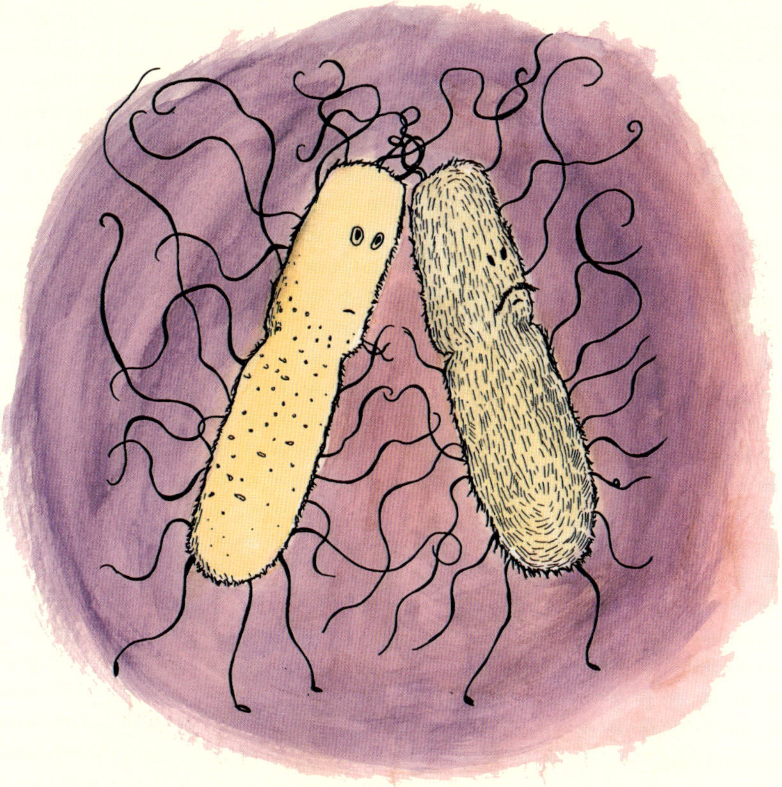

그 여자는 장티푸스에 걸렸는데 완전히 낫지 않았던 거야.
몸속에 **장티푸스균**이 계속 남아 있었던 거지.

그런데 그 집 수도관이 새는 바람에
세균들이 시냇물로 흘러 들어간 거야.

밖에서 먹는 음식이나 음료수를 조심하렴!
나쁜 세균들이 어디 숨어 있는지 아무도 모르니까.

장티푸스균 보균자 여러분!
완전히 나았나요?
혹시 수도관이 새고 있지는 않나요?

사람의 세포 속에 사는 장티푸스균!

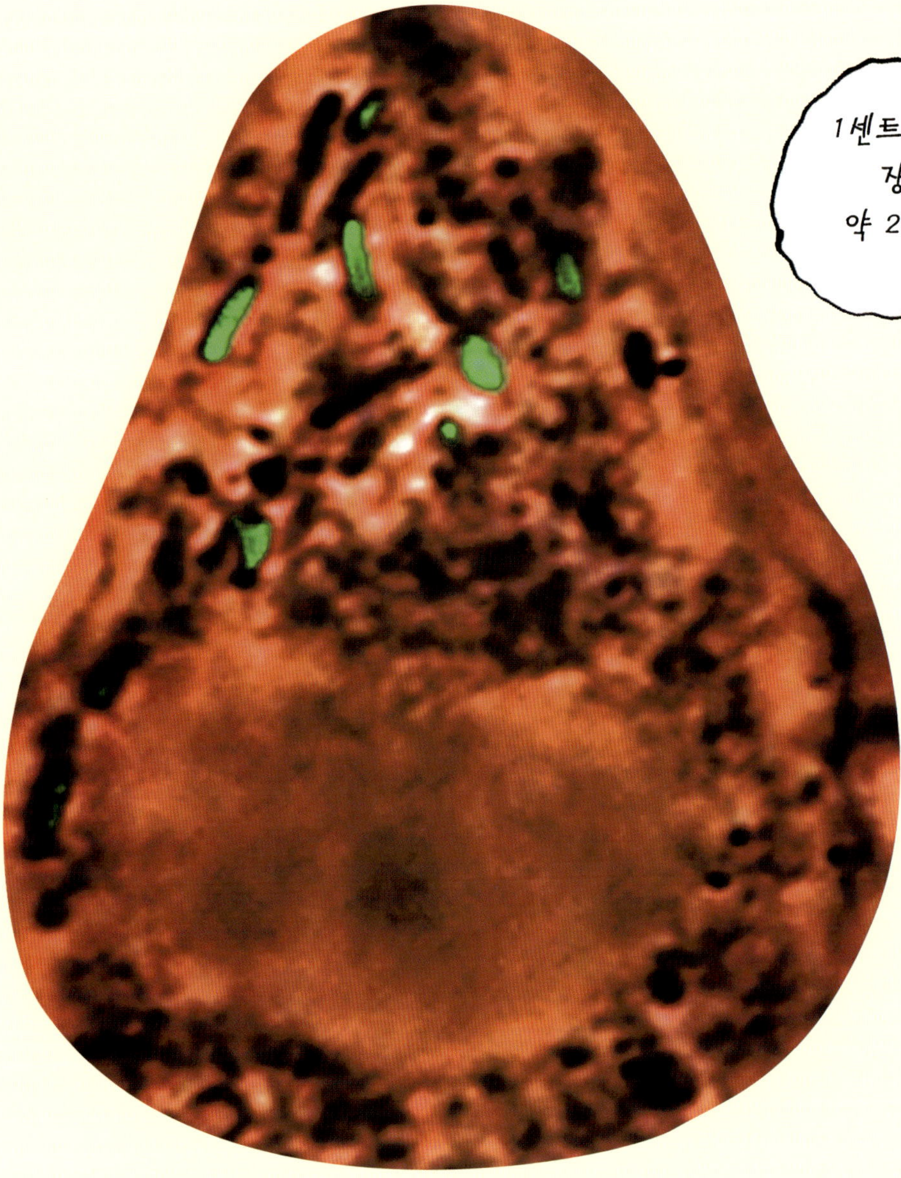

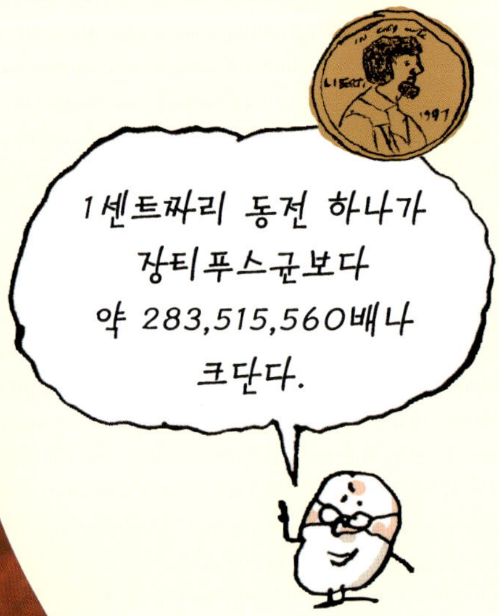
1센트짜리 동전 하나가
장티푸스균보다
약 283,515,560배나
크단다.

장티푸스균

장티푸스균(*Salmonella typhi*)은 작은 나무 막대처럼 생긴 세균이야. 장 속에 살고 있는 여러 세균들과는 친척뻘 되지. 이 녀석들이 만들어 내는 독소가 혈관 속으로 들어오면 장티푸스를 일으켜. 열이 많이 나면서 몸에 붉은 반점이 생기는 전염병이지.

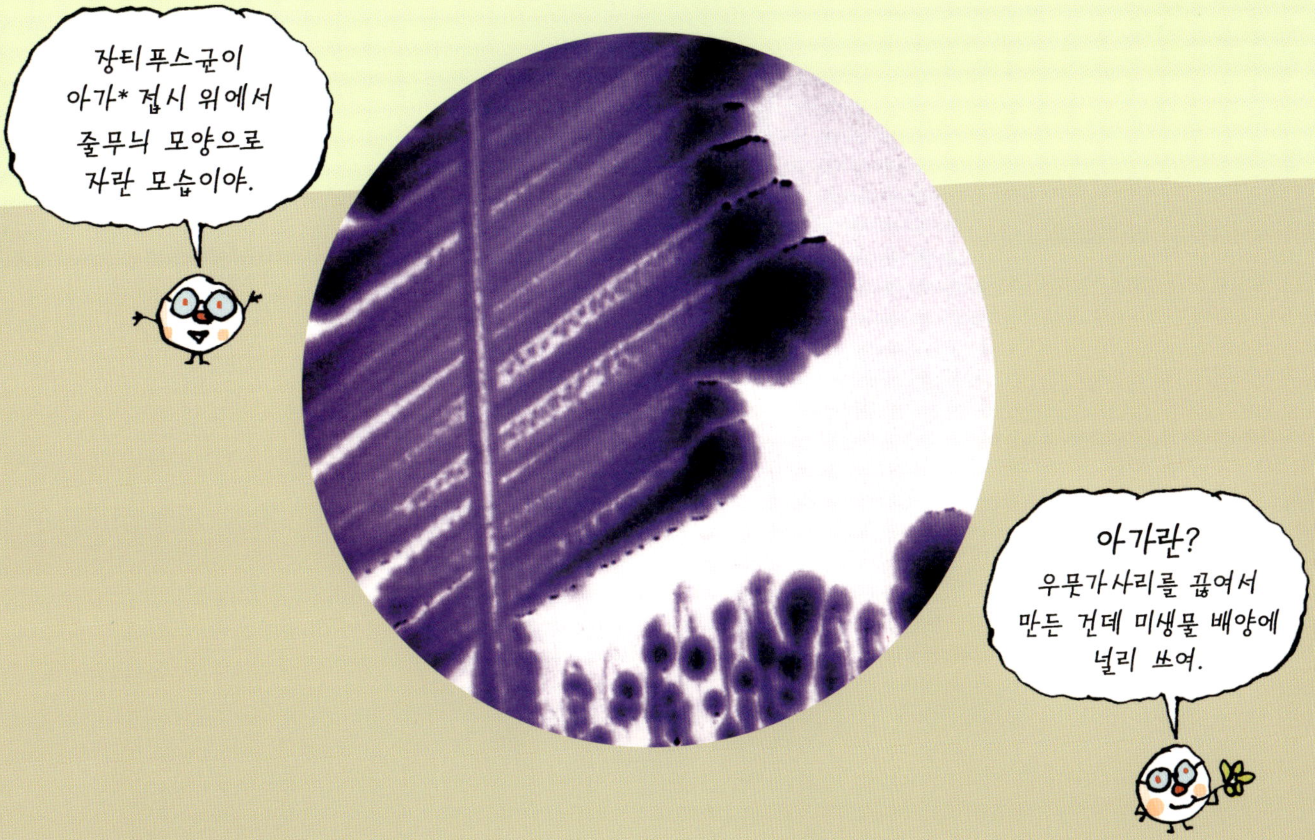

장티푸스균이 아가* 접시 위에서 줄무늬 모양으로 자란 모습이야.
아가란? 우뭇가사리를 끓여서 만든 건데 미생물 배양에 널리 쓰여.

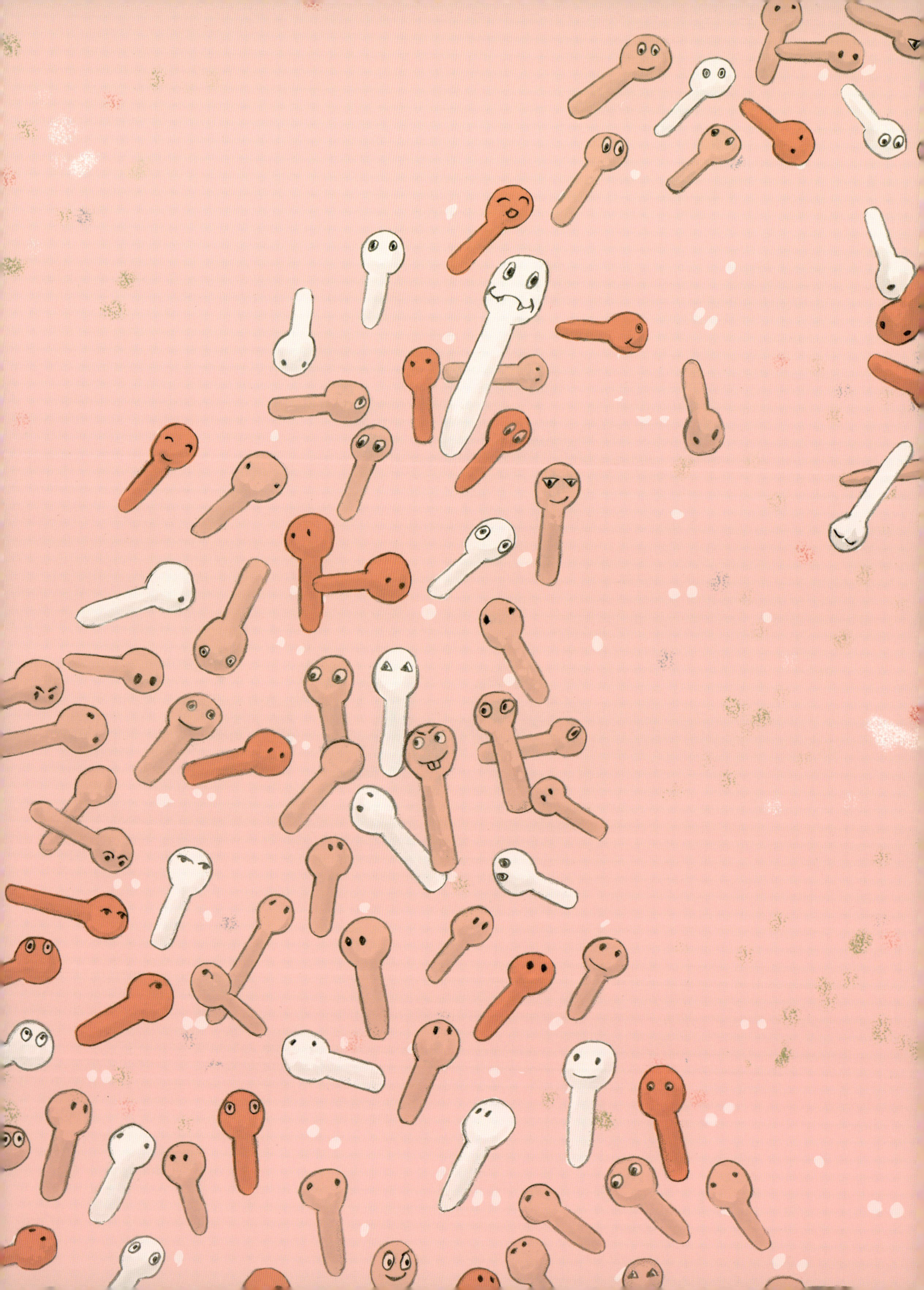

파상풍을 일으키는

파상풍균

이 녀석은 여러 겹의 이불을 덮고
여러 해 동안 땅속에서 잠을 자지.

잠자는 포자는 끓여도 얼려도 끄떡없어.
해로운 독소도 내뿜지 않아.

포자가 안전하고 편안한 곳에 자리 잡으면
겹겹의 막들이 떨어져 나가.

그러다 물과 양분을 섭취하면
파상풍균이 쑥쑥 자라나서 멀리멀리 퍼져!

꼬마 길리가 맨발로 못을 밟은 날,
슬픈 포자 이야기가 시작된 거야.

눈앞이 핑핑, 발바닥이 얼얼!
끔찍한 파상풍이 시작된 거야.

길리의 발꿈치 속에서
잠자고 있던 포자들이 깨어나기 시작했어.

포자들이 들썩들썩 막을 벗어 던졌어.
우글우글 바글바글! 세균들이 점점 늘어났어.

엄청난 속도로 늘어나서
하루 만에 수백만 개의 세균이 쌓였어!

세균들은 해로운 독소를 뿜어내면서
몸속 구석구석을 돌아다녔지.

불쌍한 길리는 밤새도록 울었어.
다음 날 아침 길리의 턱은 완전히 굳어 있었어.

침을 삼킬 수도 말할 수도 없었지.
근육이 뻣뻣해져서 걸을 수도 없었어.

“여보세요, 119죠? 큰일 났어요!
우리 길리가 많이 아파요. 얼굴이 창백해요!”

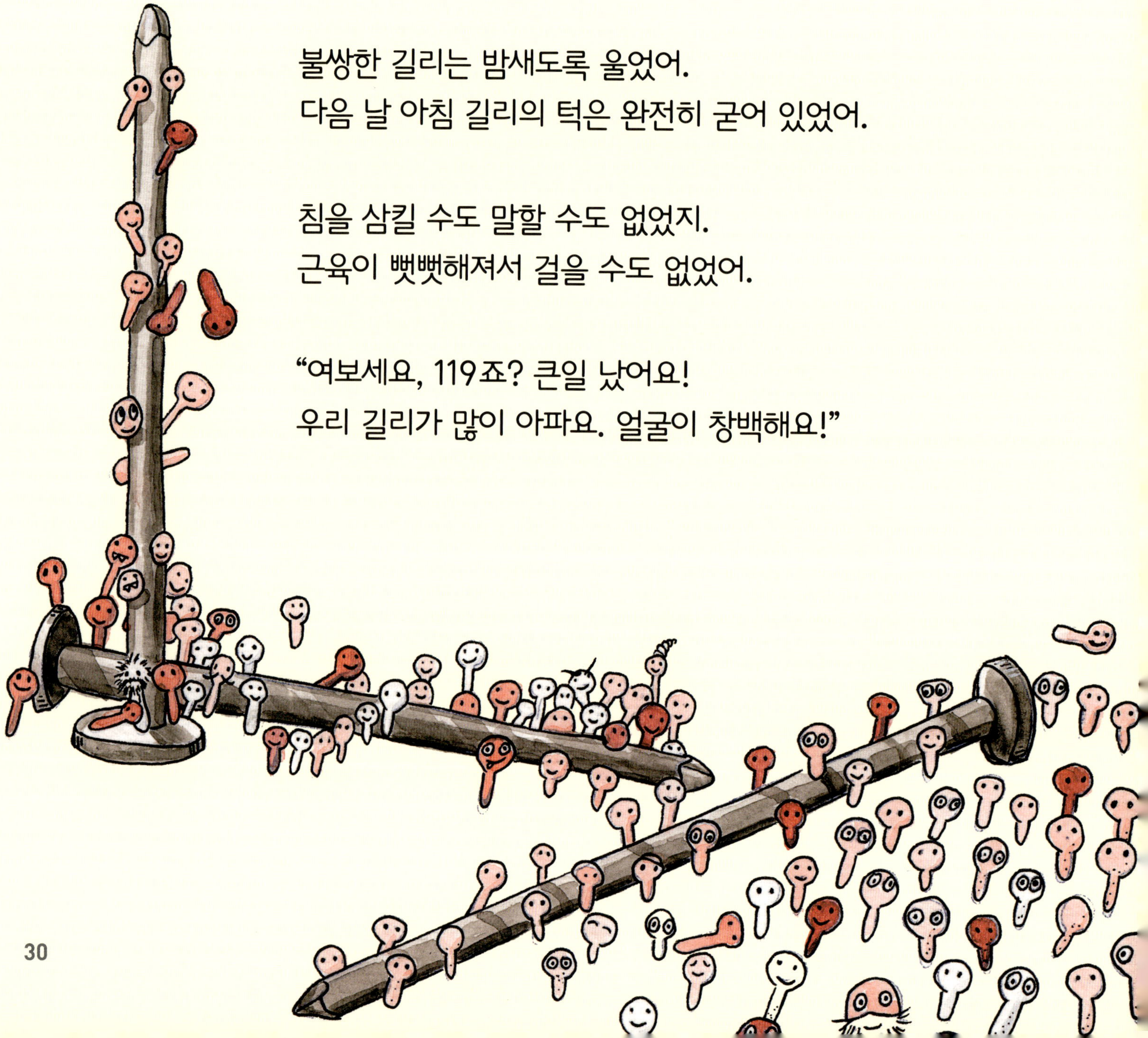

“파상풍입니다.
이 세균의 독소는 아주 위험해요.

인공 심폐*가 숨을 쉬게 도와줄 거예요.
두 종류의 약을 먹으면 나아질 거예요.

항독소제는 경련을 진정시켜 주고
항생제는 세균들을 금세 줄여 주죠.”

항독소제가 독소들을 꽁꽁 붙잡자
딱딱한 근육이 부드러워졌어.

항생제가 세균들의 보호막을 공격하자
파상풍균이 더는 늘어나지 않았지.

길리는 튼튼했어. 근데 그거 아니?
우리 몸의 방어 능력이 아주 약해질 때가 있어.

파상풍 예방 주사를 벌써 맞았다고?
상처가 났을 때 2차 예방 주사를 맞으면
훨씬 도움이 된단다.

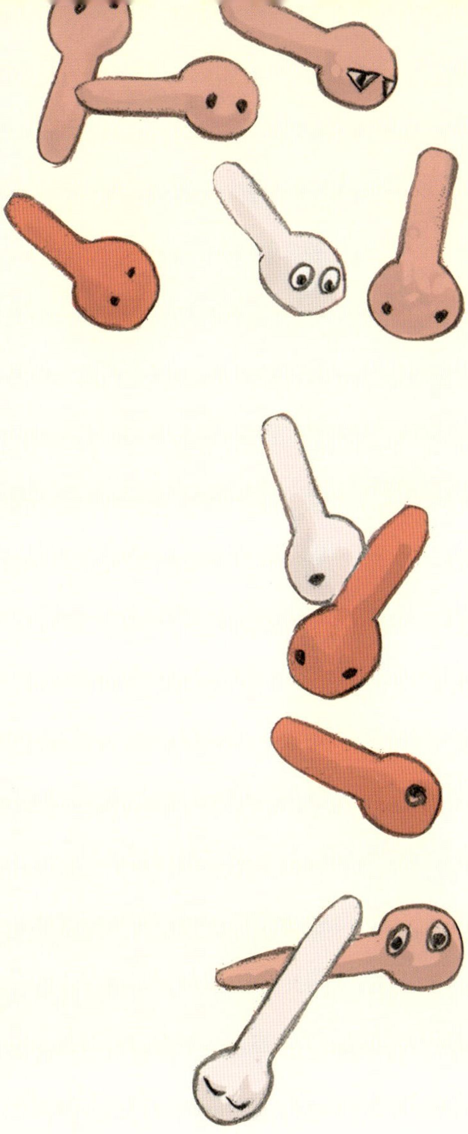

인공 심폐란?
심장과 폐를 대신해서
산소를 공급해 주는
장치를 말해!

겹겹의 보호막 속에서 잠자고 있는 파상풍균의 포자!

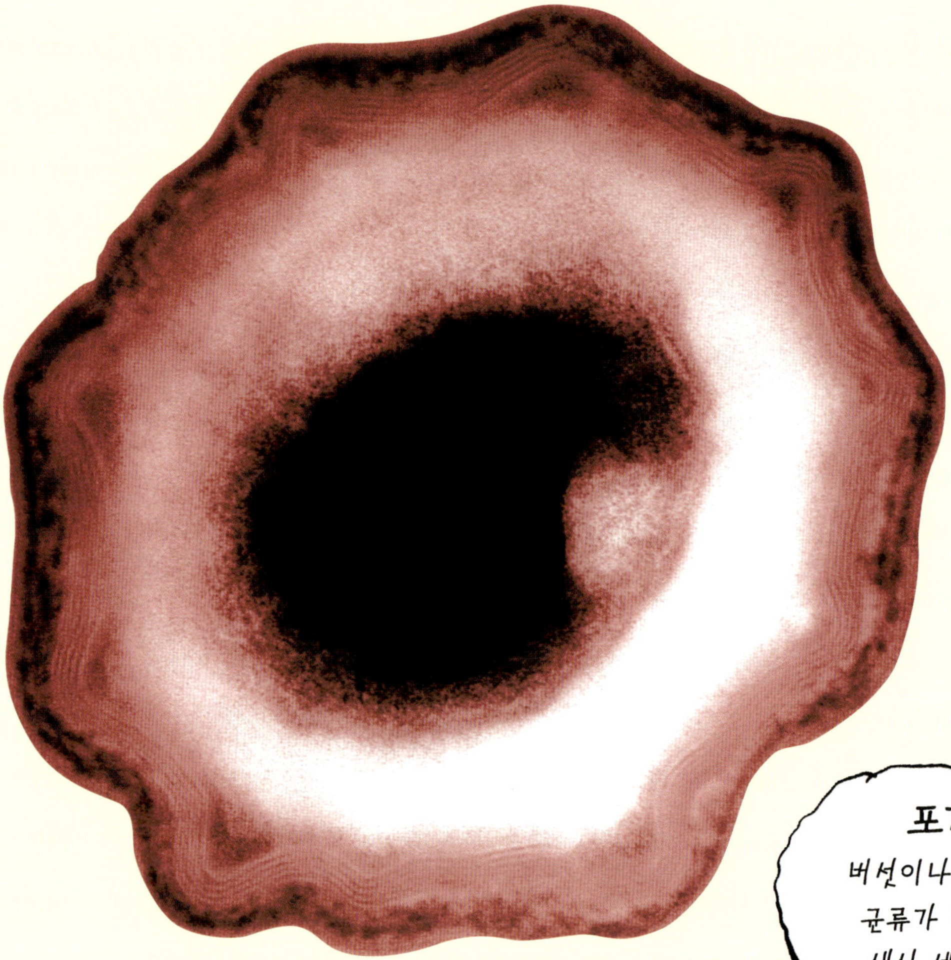

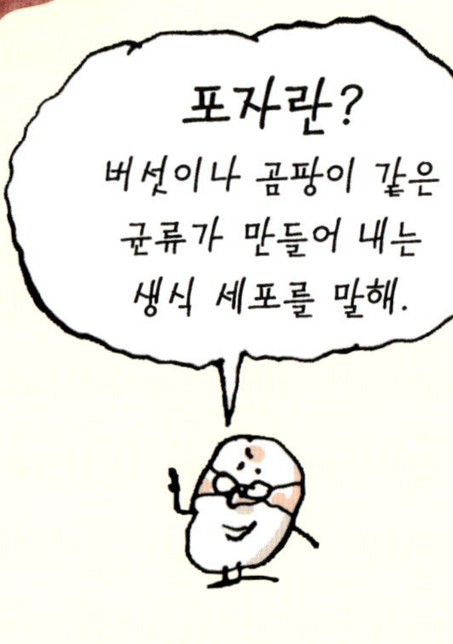

포자란?
버섯이나 곰팡이 같은 균류가 만들어 내는 생식 세포를 말해.

파상풍균

파상풍균(*Clostridium tetani*)은 작은 막대 모양의 세균이야.
이 녀석은 강력한 보호막으로 몸을 둘둘 감싸고 잠들어 있다가
상처를 통해 몸속으로 들어와서 독소를 뿜어내지.
그러면 팔, 다리, 횡격막, 턱의 근육이 딱딱하게 굳어 버리는데
이게 바로 무시무시한 파상풍이야.

뾰족한 압정의 끄트머리에
약 44,000개가 넘는
파상풍균의 포자들이
숨을 수 있대. 조심해!

예방 접종은
필수!

발효는 내게 맡겨라!

맥주효모균

가이, 조금 어려운 이름의 친구를 소개할게.
천천히 따라해 봐. 맥, 주, 효, 모, 균!

효모균은 아주 착한 미생물이야.
우리에게 많은 도움을 주거든.

새콤달콤 포도주를 만들 때도
부글부글 맥주를 만들 때도

고소한 빵 반죽을 부풀리고
펑! 샴페인을 만들 때도!

아직 잘 모르겠다고?
천천히 비밀을 풀어 볼까?

효모균은 당분을 발효시켜서
두 가지 물질을 만들어.

하나는 알코올,
병원에서, 술통 속에서 솜씨를 뽐내는 재주꾼.

또 하나는 이산화탄소,
하얀 맥주 거품을 만들어 내는 마술사.

가이가 물었어. "어떻게 그럴 수 있어요?"
효모균의 효소들이 일하기 때문이지.

효소는 세포 속의 화학자,
이리저리 다니면서 많은 일을 한단다.

빵 구울 땐 큼직한 효모균 덩어리가 필요해.
맥주 만들 땐 효모균을 몇 톤씩이나 쓴단다.

"효모균은 왜 힘들게
알코올이랑 이산화탄소를 만들어요?"

당분을 둘로 나눌 때 에너지가 생기거든.
이 에너지는 아데노신삼인산(ATP)으로 저장되지.

"아데노신삼인산이요? 그게 뭐예요?"
세포들이 자라고 늘어날 때 쓰는 거란다.

효모균의 세포에서 자란 작은 싹들은
아데노신삼인산을 먹고 쑥쑥 자라나지.

"어떻게 먹어요?
입이 있어요? 이가 있나요?"

아니, 맥주효모균은 작은 공 같단다.
입도 없고 이도 없지.

얇은 막으로 음식을 빨아들이면
안에 있던 효소들이 그걸 소화시켜.

식물과 동물, 우리 몸속엔 아주 많은 세포들이 있어.
크기도 모양도 다양하지.

하지만 세포가 하는 일을 열심히 관찰해 보면
사람이나 효모균이나 그리 다르지도 않단다.

굶주린 효모균 세포!

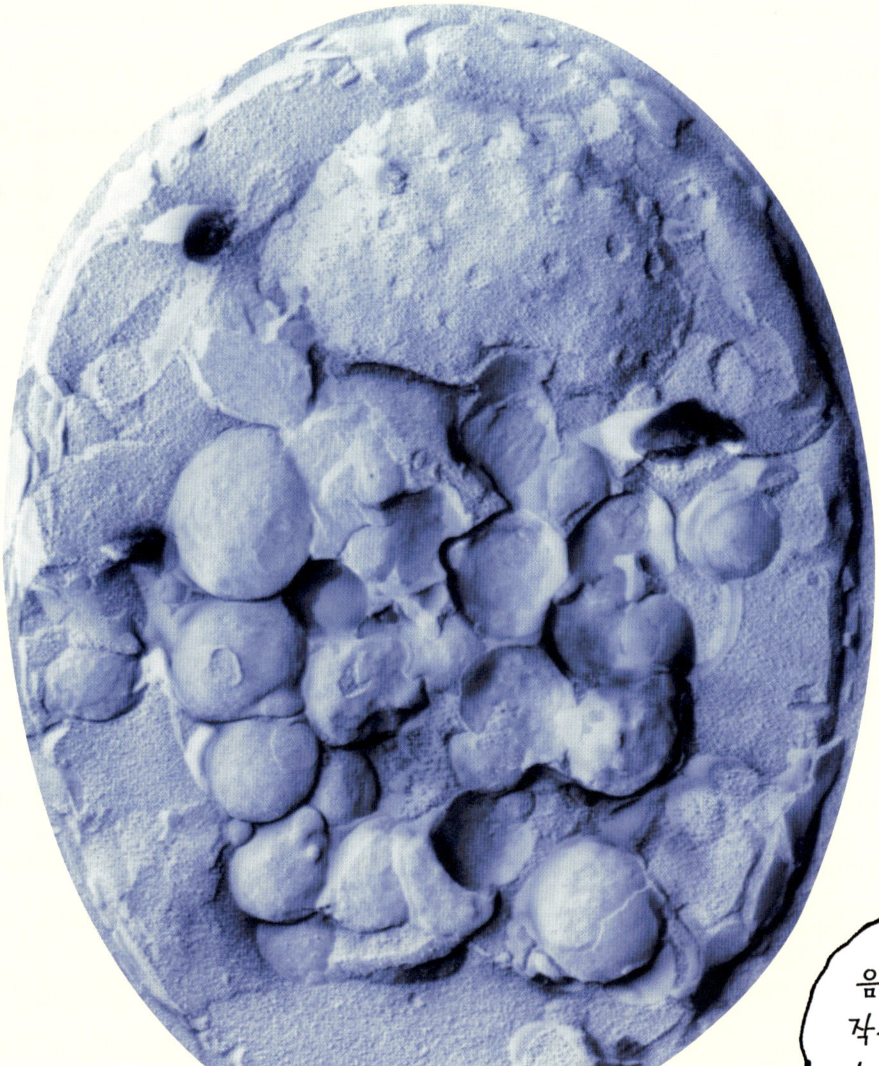

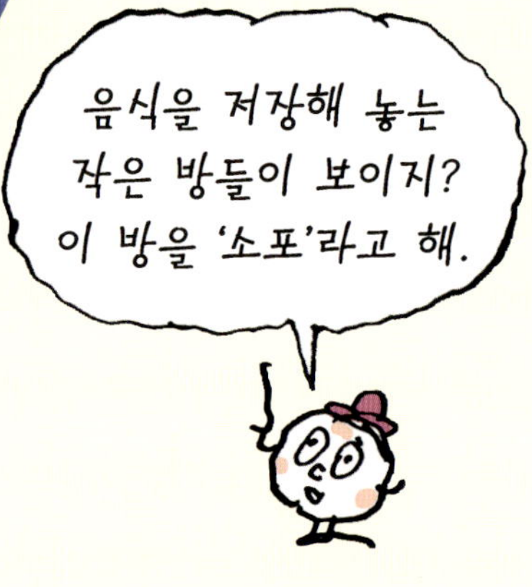
음식을 저장해 놓는
작은 방들이 보이지?
이 방을 '소포'라고 해.

맥주효모균

맥주효모균(*Saccharomyces cerevisiae*)은 과일, 흙, 사람의 피부에서 찾을 수 있어. 빵을 굽거나 술을 만들 때 널리 쓰이지. 효모균은 대표적인 미생물로 곰팡이와 비슷해. 당분을 발효시켜서 에너지를 얻지.

아가 접시 표면에서 자라고 있는 효모균의 균체를 찍은 거야. 줄기가 아주 섬세하지?

네 콧구멍을 채우려면 적어도 8,000,000,000,000개의 효모균이 필요해.

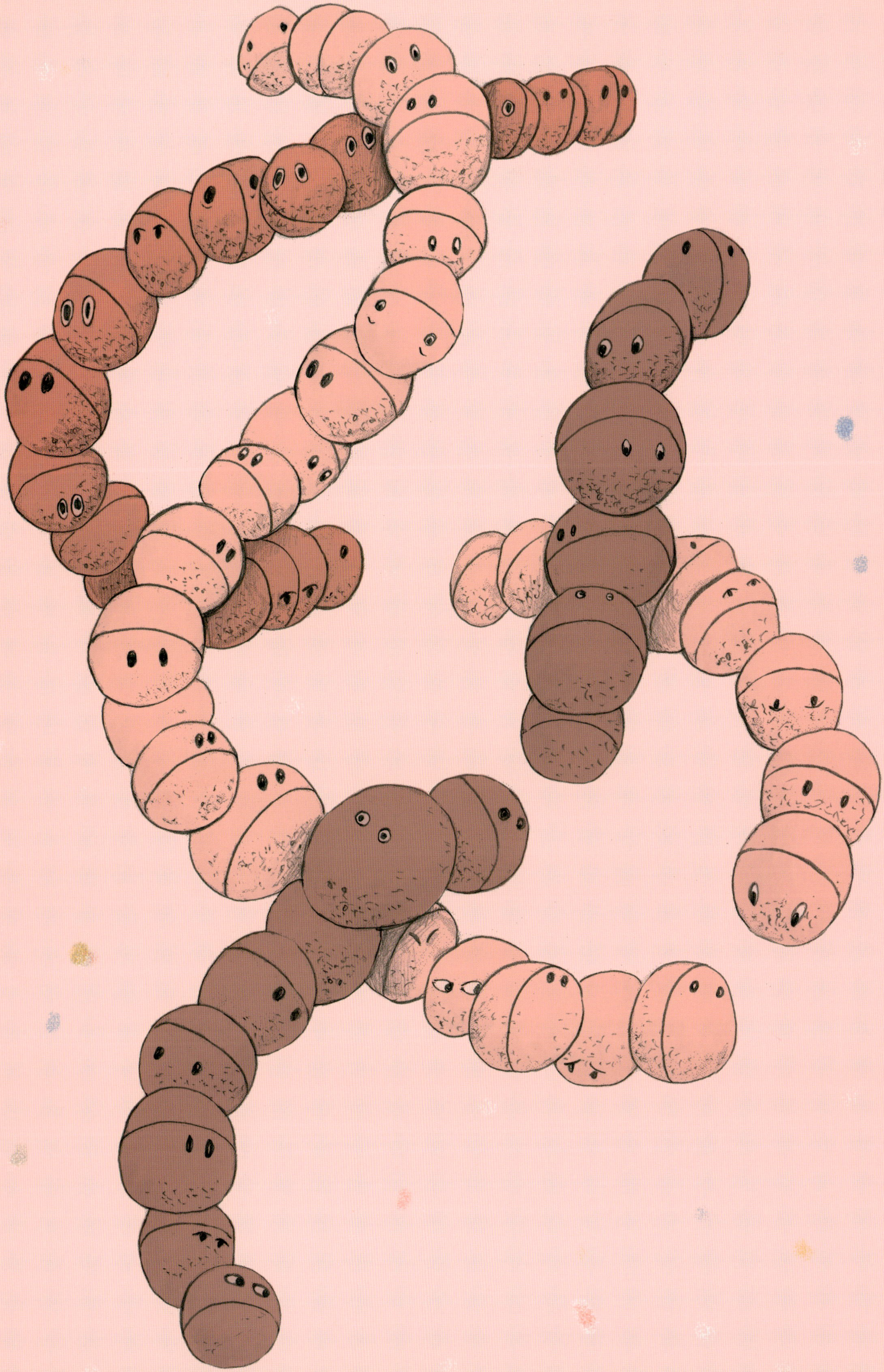

폐렴을 일으키는

폐렴연쇄상구균

로스는 몸이 뜨끈뜨끈, 욱신욱신, 으슬으슬했어.
독감이었지. 하지만 그렇게 아프지는 않았어.

기침이 심해지기 전에는,
열이 40도까지 오르기 전에는!

의사 선생님이 말했어.
"페니실린을 먹고 푹 쉬면 곧 나을 겁니다."

그런데 이걸 어쩌나!
로스의 폐에 문제가 생겼어.

청진기를 대자 꼴꼴거리는 소리가 들렸지.
하지만 의사 선생님은 희망을 버리지 않았어.

페니실린이 **폐렴연쇄상구균**을 꽉 붙잡고
절대로 놓아주지 않길 바란 거야.

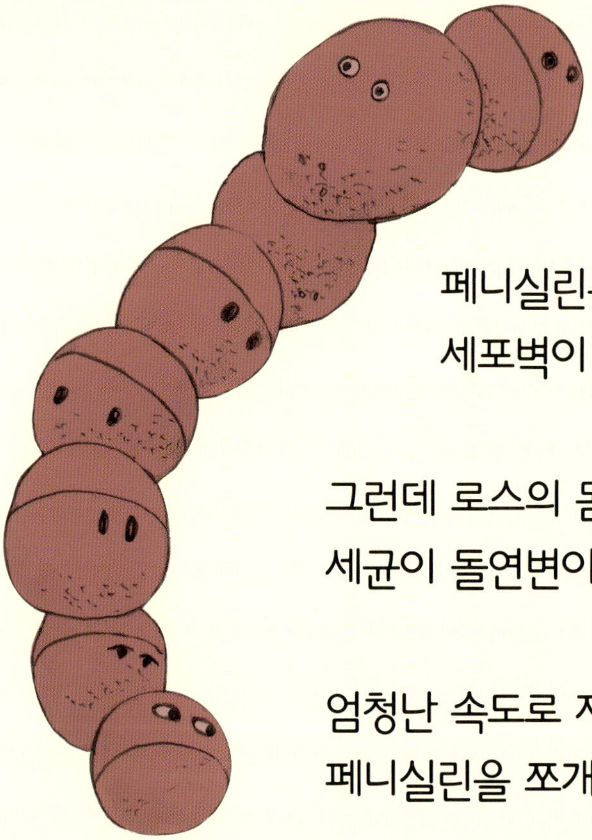

페니실린은 세균들이 세포벽을 못 만들게 해.
세포벽이 없으면 세균들은 전혀 자랄 수가 없지.

그런데 로스의 몸속에서
세균이 돌연변이를 일으켰어.

엄청난 속도로 자라난 세균들은
페니실린을 쪼개 놓고 재빨리 도망쳤지.

돌연변이 세균들이 점점 늘어나서
로스의 폐가 모두 점령당하고 말았어.

"놈들이 늘어나는 걸 막아야 해.
빨리 다른 약을 써 봐야겠어.

실험할 때 돌연변이 세균을
가장 잘 죽인 항생제가 뭐였지?"

그건 바로 세팔로스포린이었어.
세포벽이 자라는 걸 두고 보지 않았지.

"로스의 정맥에 세팔로스포린을 투여합니다.
돌연변이 세균들이 모두 사라지기를!"

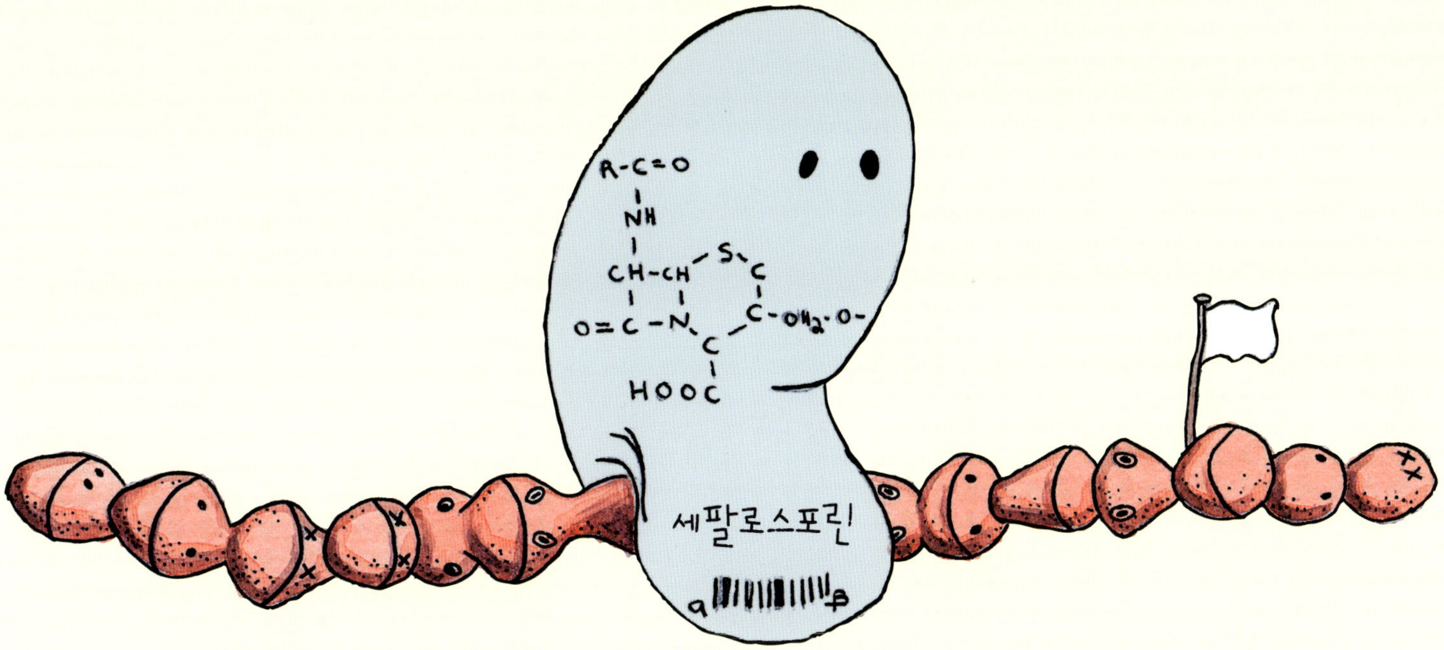

로스는 하루 만에 열이 내렸어.
기침도 몸살도 금세 가셨지.

이제 편안하게 숨을 쉴 수 있게 된 거야.
다시 씩씩하고 행복한 아이가 된 거지.

감기나 독감이 심하지 않다고?
더 심해지지 않게 조심하렴!

아프도록 기침하고, 가슴이 쑤시고,
펄펄 열이 나게 하는 폐렴연쇄상구균이
아주 가까이 있을지도 모르니까!

바이오필름 속에서 자라는 폐렴연쇄상구균!

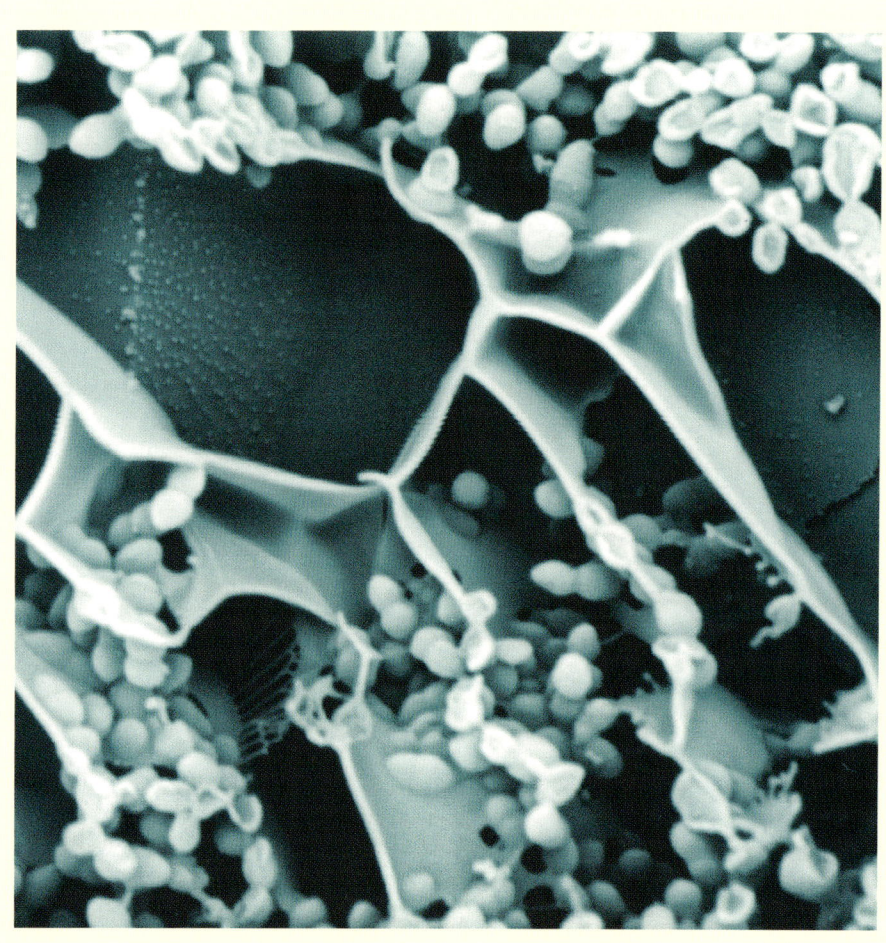

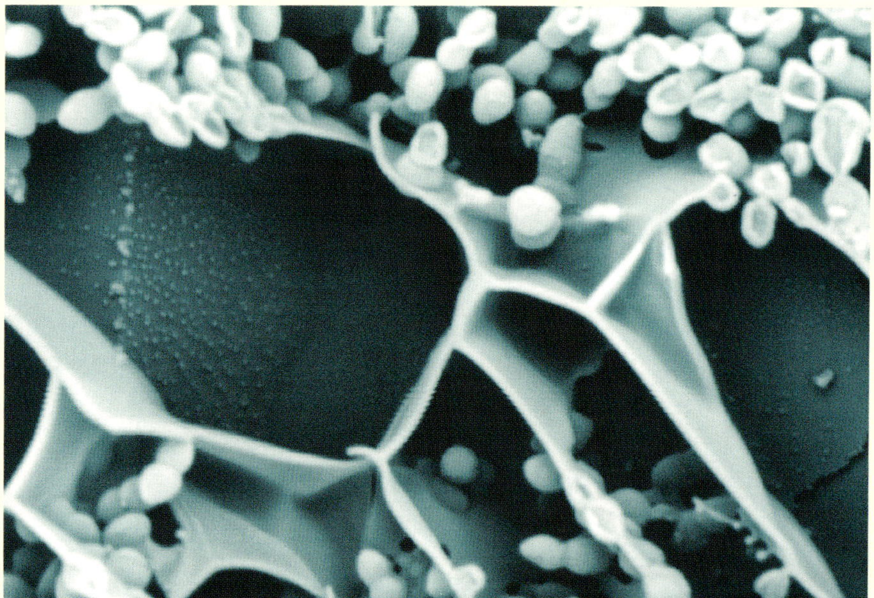

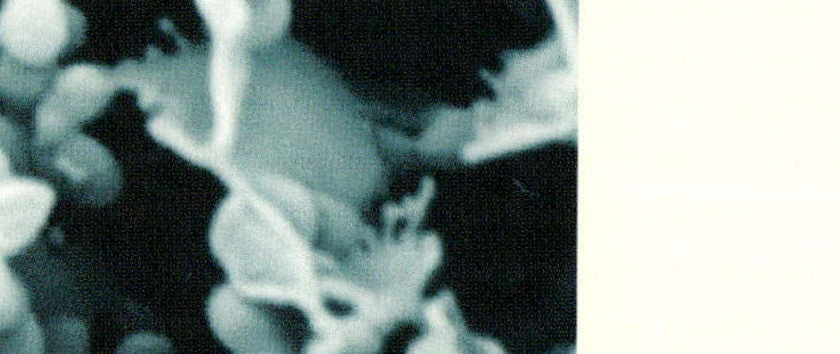

폐렴을
일으키는 세균은
이렇게 생겼구나!
으스스해…….

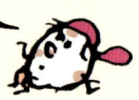

폐렴연쇄상구균

폐렴연쇄상구균(*Streptococcus pneumoniae*)은

아래 사진처럼 쌍쌍으로 또는

작은 고리 모양으로 돌아다니는 작고 둥근 세균이야.

폐렴과 같은 심각한 질병을 일으키지.

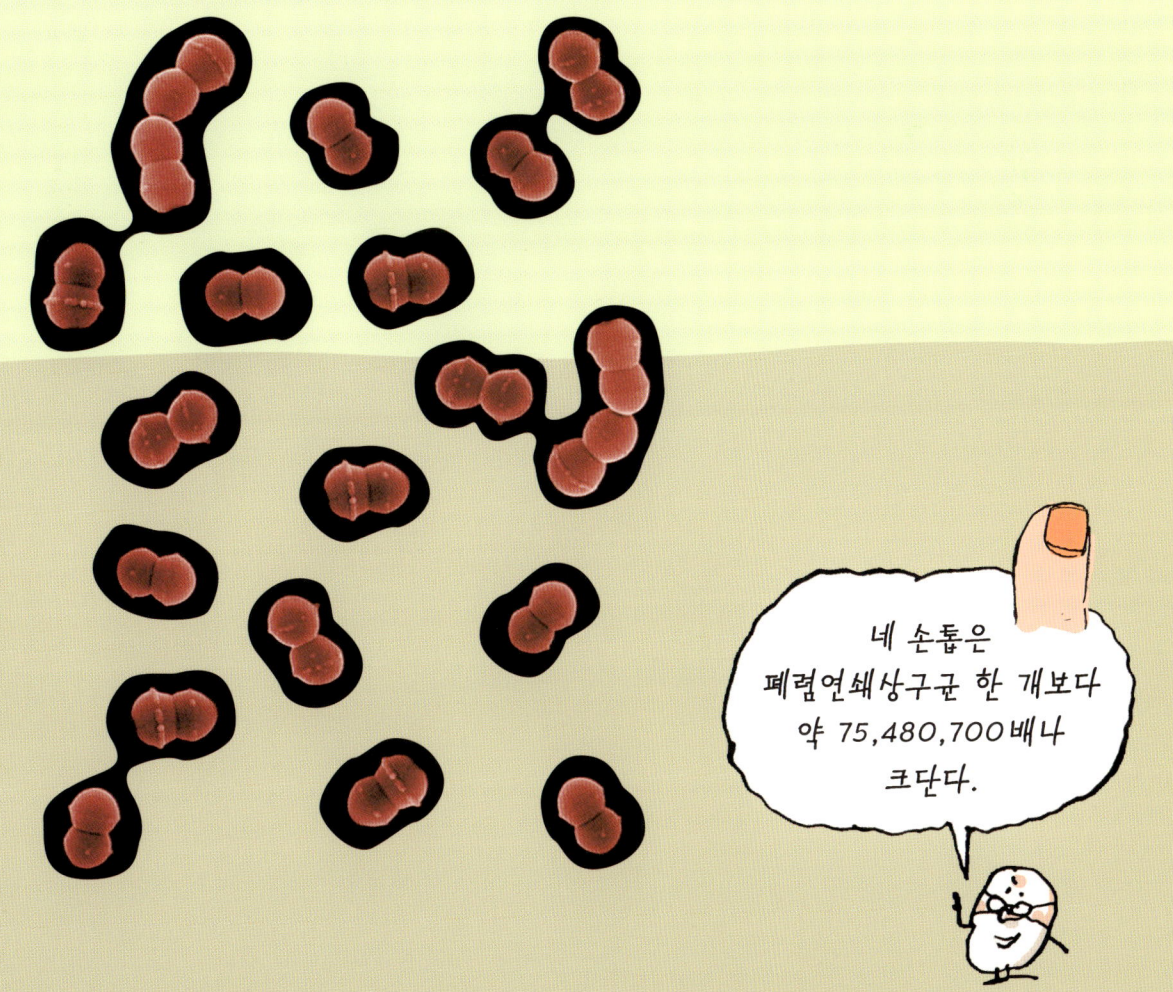

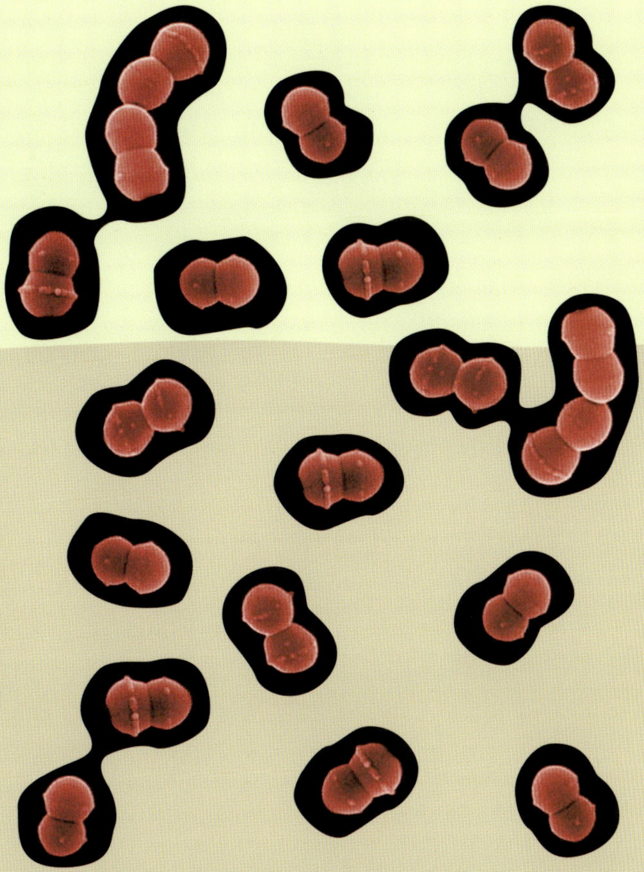

네 손톱은
폐렴연쇄상구균 한 개보다
약 75,480,700배나
크단다.

세균들의 전쟁

황색점액균

노란색이니까 '황색', 끈적거리니까 '점액', 황색점액균!
이 욕심쟁이 먹이 사냥꾼은 상냥함과는 거리가 멀어.

이리저리 미끄러져 다니면서 온통 점액을 토해 내거든.
다른 세균을 게걸스럽게 먹어 치우는 '살균제' 같은 거야.

굶주린 늑대들처럼 사냥감을 졸졸 따라다니다
셀 수 없이 많은 입으로 희생양을 꿀꺽 삼켜 버려.

조이가 물었어.
"황색점액균은 어디서 살아요?"

땅속에서 산단다. 세균들을 먹고 쑥쑥 자라나서
또 다른 먹이를 기다리며 조용히 가지를 모으지.

황색점액균 덩어리 하나에는 수십만 개의 가지가 있어.
그 가지 하나하나는 어떤 일에도 끄떡없는 포자가 되지.

포자들은 여러 해 동안 잠을 자면서 기다려.
영양분이 가득한 세균들이 신호를 보내올 때까지.

잠에서 깨어난 포자는 겹겹의 막들을 벗고 자라나.
또다시 굶주린 늑대가 되어 먹이 사냥을 나서지.

조이는 궁금했어. 더 알고 싶었지.
"어떻게 그럴 수 있어요? 황색점액균 속엔 뭐가 들어 있죠?"

아주 재미있는 분자, 위대한 폴리 피(Poly P)가 들어 있어.
언젠가 폴리 피의 이야기를 듣게 될 거야.

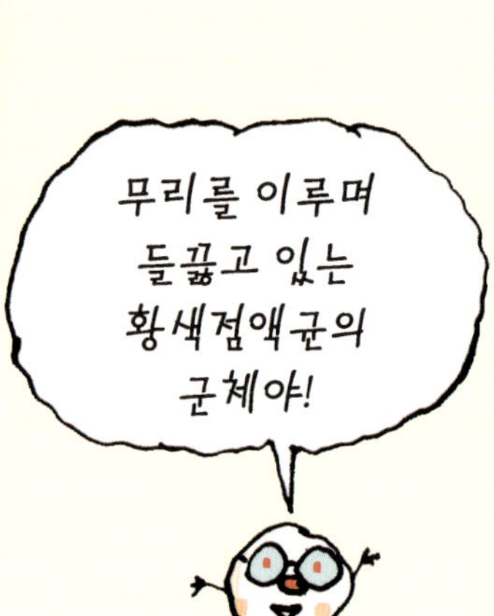
무리를 이루며
들끓고 있는
황색점액균의
군체야!

황색점액균

황색점액균(*Myxobacterium xanthus*)은 끈끈한 점액을 뿜어내며 미끄러져 다니면서 세균들의 전쟁을 일으켜. 세균이면서 버섯이나 곰팡이처럼 자실체*를 만드는 독특한 세균이지. 이 사진은 숲 속의 썩은 나무에서 자라고 있는 황색점액균을 찍은 거야. 가지 끝에서 포자들이 잠자고 있는 게 보이지?

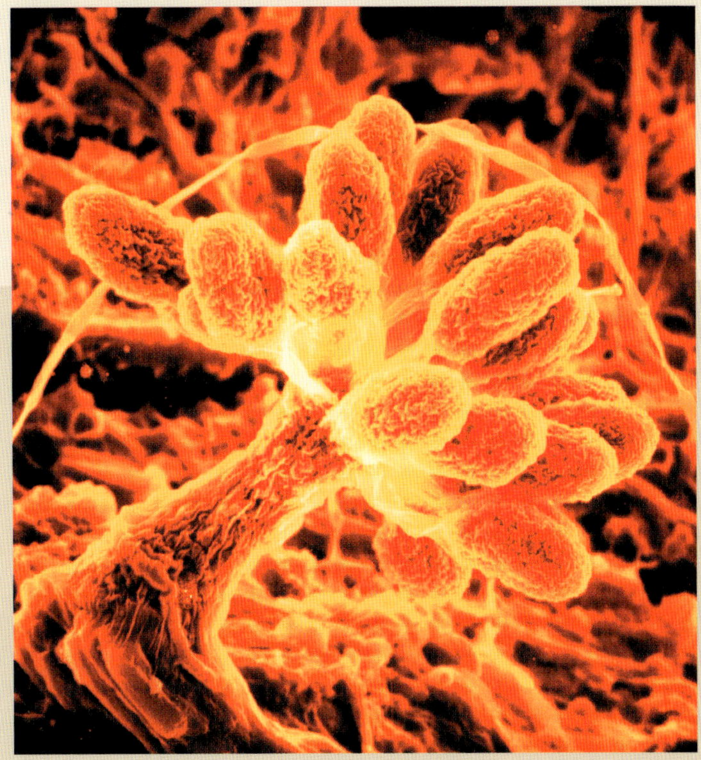

자실체란?
균류에서 포자를 만드는 부분을 말해요.

블루베리 한 알에 황색점액균 자실체를 약 2,093,300개나 채울 수 있어.

위궤양을 일으키는

헬리코박터 파일로리균

빙글빙글 나사처럼 생긴 세균이 우리 몸속에 있어.
위에서 창자로 음식을 내보내는 유문에 숨어 살지.

위산을 중화*시키는 효소를 만들어서
강한 산성인 위산 속에서도 끄떡 안 해.

남반구 북반구 어디서나 찾을 수 있어.
수만 년 동안 사람들 배 속에 숨어 살았지.

헬리코박터균은 위장의 점막을 손상시켜 위궤양을 일으켜.
그대로 두면 무시무시한 위암으로 변하지.

의사 선생님들은 안절부절못했어.
어떤 약을 써야 할지 몰랐거든.

잭은 고개를 갸웃거렸어.
"세균들이 공격한다는 걸 왜 몰랐을까요?"

중화란?
산과 염기가 서로 반응해서 서로의 성질을 잃는 것을 말해!

가장 흔한 세균이 범인일지도 모른다고
처음 생각해 낸 사람은 배리 마셜 박사.

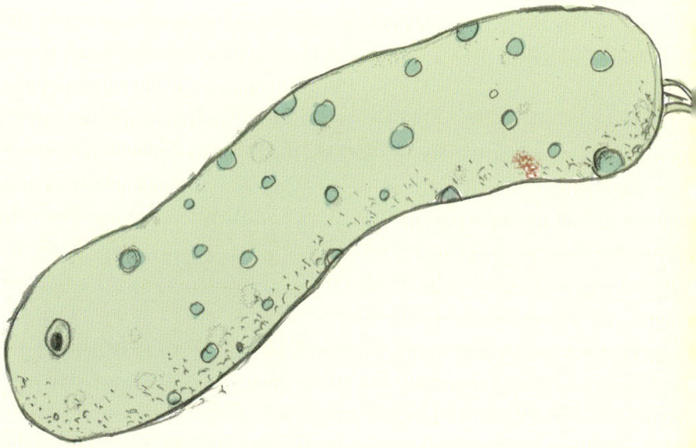

1984년에 용감한 마셜 박사는
헬리코박터균을 꿀꺽꿀꺽 삼켰어.
"너무 위험하잖아요!"

그래, 세균들이 박사를 아프게 했지.
그런데 항생제를 먹었더니 싹 나았어.
헬리코박터균이 범인이었다는 걸 밝혀낸 거야!

헬리코박터 파일로리균의 비밀을 밝혀낸
배리 마셜과 로빈 워렌은 노벨상을 받았어.

덕분에 항생제가 널리 쓰이게 되었지.
헬리코박터 파일로리균은 한가해졌지만!

헬리코박터균이 사라지자
위산이 많아지기 시작했어.

요즘은 위산이 식도로 넘어오는 걸 걱정하지.
나쁜 산은 또 다른 암의 원인이 될 수 있거든.

잭이 물었어. "어떻게 막을 수 있죠?"
그건 잘 모르겠구나. 누군가 밝혀내겠지?

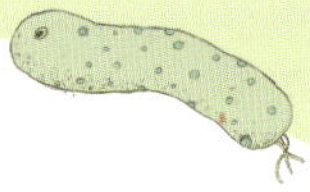

헬리코박터 파일로리균

헬리코박터 파일로리균(*Helicobacter pylori*)은
우리 주위에서 쉽게 찾을 수 있는 나선 모양의 세균이야.
강력한 위산 속에서도 죽지 않는 유일한 세균이지.
어떤 사람들은 이 세균 때문에 위 속에 상처가 생기는
위궤양을 앓기도 하는데, 그대로 두면 위암이 될 수도 있어.

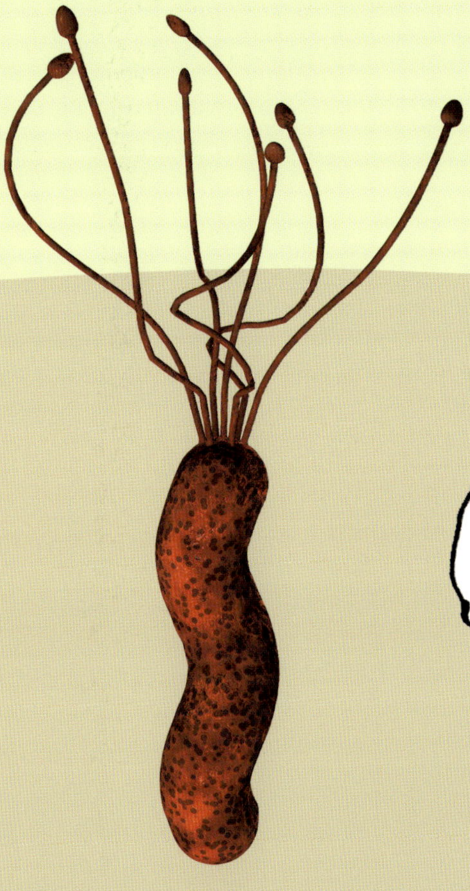

요 조그만 녀석들은 단추 구멍 하나에 약 7,915,700마리나 들어갈 수 있어.
헬리코박터균은 여러 개의 꼬리인 '편모' 덕분에 헤엄을 칠 수 있단다.

페니실린을 만드는

푸른곰팡이

"페니실린이 뭐예요? 어디서 온 거예요?"
마야가 엄마 아빠에게 물었어.

"왜 나한테 필요한 약이에요?
소피 몸에 있는 세균들을 어떻게 죽였는데요?"

이번 이야기는 마야의 엄마 아빠가 들려준
정말로 놀라운 푸른곰팡이 이야기.

페니실린은 **푸른곰팡이**로 만들지.
우리 몸을 아프게 하는 나쁜 세균들을 죽이려고.

세균들의 세포벽은 아주 튼튼하지만
페니실린은 금세 뚫을 수 있어.

세포벽에 구멍이 뚫리면 세포는 살 수 없어.
나쁜 세균들도 살 수 없지.

사람의 세포에는 세포벽이 없기 때문에
페니실린은 사람을 공격할 수 없단다.

마야가 말했어. "잠깐만요. 뭐라고요?
의사 선생님이 곰팡이를 약으로 준다고요?"

그게 아니야, 마야.
곰팡이를 약으로 만드는 방법이 있단다.

“세균을 보고 싶어요. 세균이 자라는 것도요.
페니실린이 세균을 어떻게 죽이는지도요!”

세균은 아주아주 작아서 보기 힘들어.
하지만 수백만 개의 세균들이 군체를 이룰 때가 있어.

모래 알갱이 한 알만 한 군체가 되면
우리 눈으로도 쉽게 알아볼 수 있단다.

모래알만 한 군체들은 다시 옹기종기 모여서
세균들의 잔디밭인 ‘매트’를 만들어.

푸른곰팡이를 매트 안에 놓으면 페니실린이 분비되어
주변의 세균이 깨끗이 사라지는 걸 볼 수 있어.

매트 위에 깨끗한 점이 하나 생기면
푸른곰팡이가 이렇게 말하는 거야.
“나 여기 있어요!”

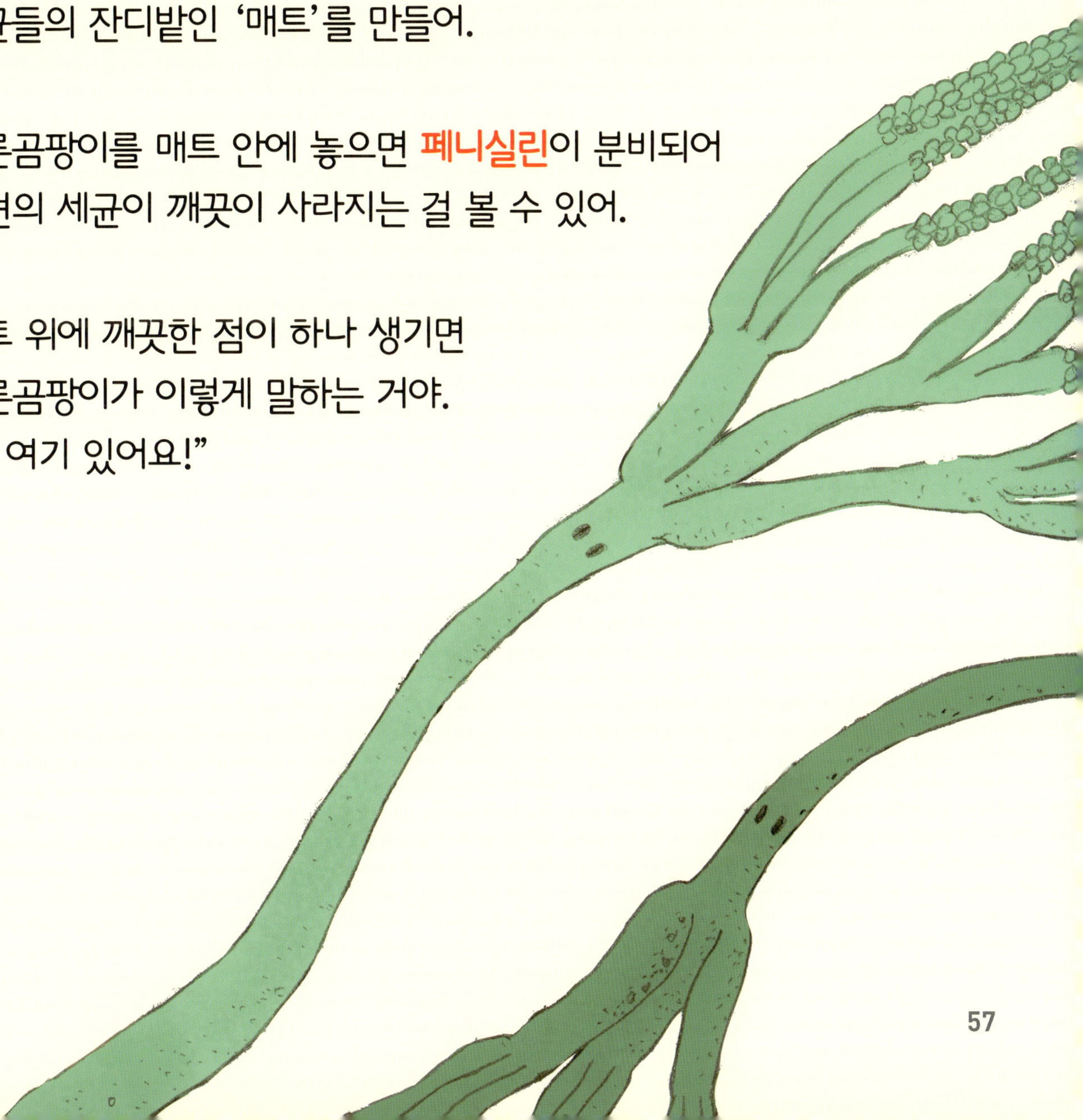

이웃에 있는 세균을 죽이는 푸른곰팡이!

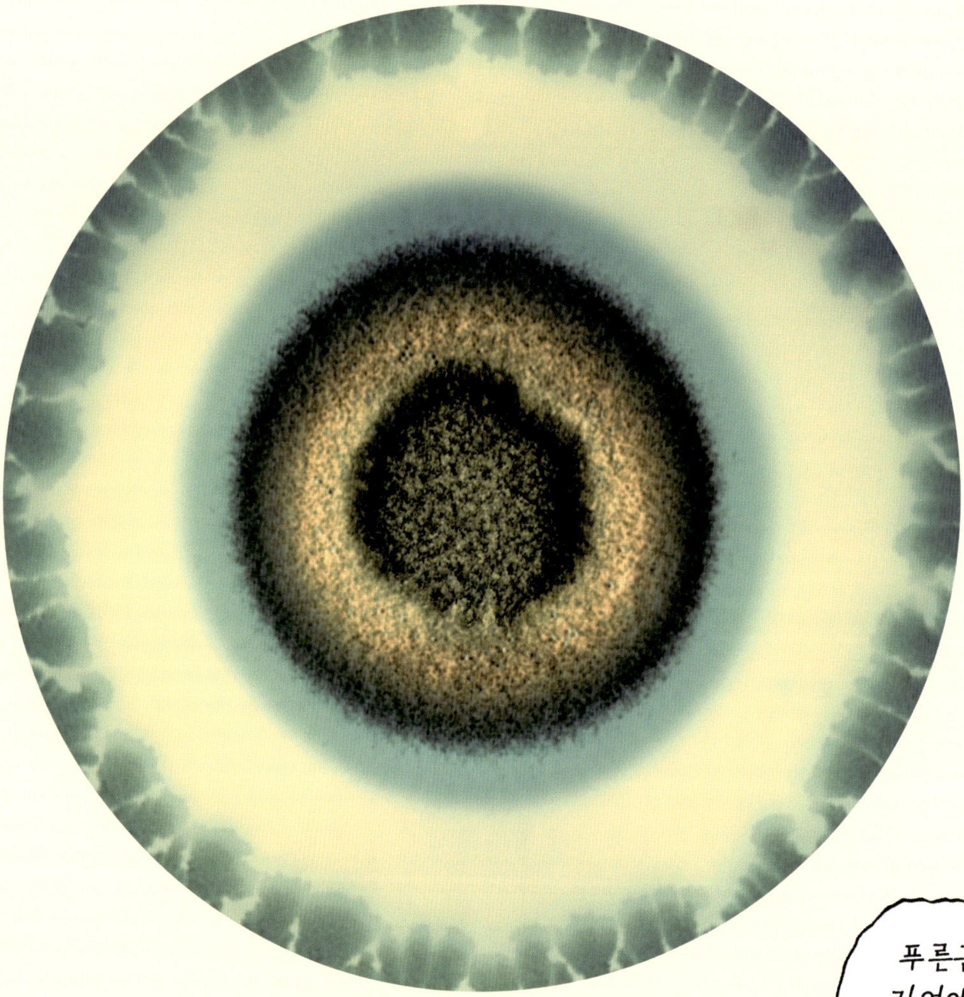

푸른곰팡이

푸른곰팡이(*Penicillium notatum*)는

항생제인 페니실린을 만들 때 쓰여.

이 녀석은 이웃에 있는 세균들을 죽여서 왼쪽에 있는

사진처럼 군체 주변에 빈 공간을 만들지.

둥글고 불투명한 이 반점을 '용균반'이라고 불러.

챙이 넓은 솜브레로 모자
하나를 채우려면
약 5,600,000,000개가
넘는 푸른곰팡이가 필요해.

소아마비를 일으키는

소아마비 바이러스

오래전 여름 방학 때 있었던 일이야.
모두 함께 수영장에 간 적이 있었어.

로저와 톰과 켄, 세 형제는 재미있게 놀았어.
말썽을 일으키지 않고 얌전하게 말이야.

그런데 엄마 아빠는 그리 즐겁지가 않았어.
아이들이 소아마비에 걸릴까 봐 걱정이 됐거든.

여름이면 찾아오는 이 끔찍한 병 때문에
재채기 소리에도 가슴이 쿵 내려앉았지.

1954년, 지금으로부터 일 년 전에
소아마비 바이러스가 옆집 스티브를 찾아왔어.

처음엔 그냥 감기였지. 하지만 다음 날이 되자
어떤 약도 스티브의 두통을 잠재우지 못했어.

두 다리와 두 팔, 온 근육이 딱딱해졌어.
숨을 쉬기 어려운 게 가장 큰 문제였지.

인공 심폐 덕분에 다행히 숨을 쉴 수 있었어.
간호를 받은 덕분에 스티브는 살 수 있었지.

하지만 스티브의 다리는 딱딱하게 굳어 버렸어.
열심히 운동을 해도 튼튼해지지 않았단다.

로저가 물었어. "**소아마비 바이러스**는
어떻게 몸속으로 들어오는 거예요?"

코와 입을 통해 우리 몸속으로 들어와서
혈액이나 신경 속에 머무른단다.

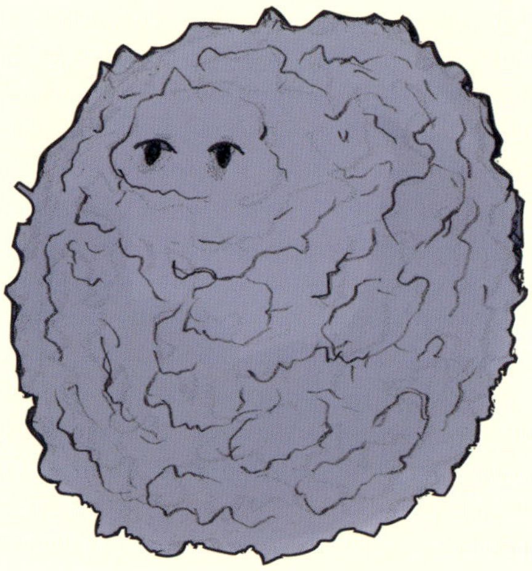

바이러스는 아주 작아서
혼자서는 자라지 못해.

그래서 신경 세포 속에서 자라는데
수천 개가 되면 세포가 터져서 죽고 말지.

신경 세포가 죽으면
머리에서 발끝까지 근육이 굳어 버린단다.

켄이 물었어. "불쌍한 스티브는 어떻게 해요?
소아마비 바이러스가 또 아프게 할지도 모르잖아요?"

괜찮아. 스티브의 몸속에는 항체가 있거든.
항체는 바이러스를 공격해서 우리 몸을 보호하지.

톰이 말했어.
“소아마비랑 싸워 주는 항체를 갖고 싶어요.”

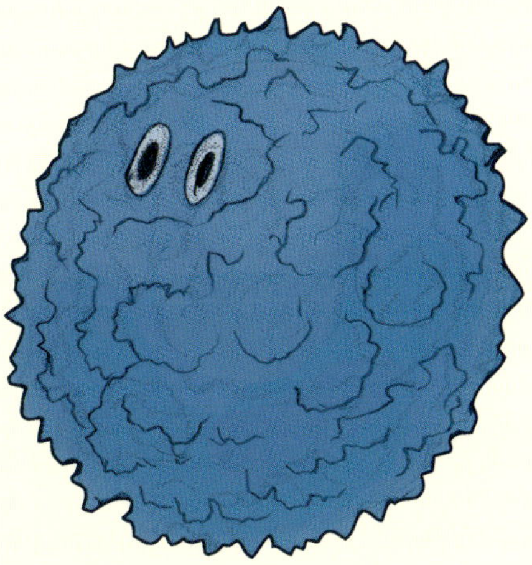

그거라면 걱정없어.
용감한 소아마비 백신이 있으니까.

“백신이 뭐예요? 아픈 거예요?
어떻게 소아마비 바이러스를 이겨요?”

백신 속에는 힘이 아주 약해진 병원균들이 들어 있어.
몸속의 세포들은 약한 병원균들을 간단히 없앨 수 있지.

그러면서 세포들은 항체 만드는 법을 배운단다.
그래서 소아마비 바이러스를 재빨리 해치울 수 있는 거야.

과학이 준 선물 소아마비 백신, 만세!
백신만 있으면 소아마비도 이길 수 있다네!

모든 사람들에게 백신을!
소아마비 전투는 영원히 우리의 승리!

소아마비 바이러스 단백질 결정 모형!

소아마비 바이러스

소아마비 바이러스는 소아마비를 일으키는 바이러스야.

'폴리오바이러스(*Poliovirus*)' 라고도 하지.

소아마비는 백신으로 예방할 수 있지만, 일단 근육이 마비되거나

퇴화되면 치료할 수가 없는 무서운 병이야.

에이즈를 일으키는

인간 면역 결핍 바이러스

조이가 초등학교 2학년 때였어.
어느 날 친구들이 '에이즈'라는 병에 대해 수군거렸지.

빌이 무시무시한 에이즈에 걸렸다는 거야.
하지만 빌은 그렇게 아파 보이지 않았어.

조이는 빌이 걱정되서 부모님께 물었어.
내 친구 빌에게 찾아온 병이 어떤 거냐고.

"왜 에이즈라고 해요?
밴드 에이드*처럼 도움이 되는 것도 아닌데."

조이, 에이즈(AIDS)는 후천성 면역 결핍증
(Acquired Immuno Deficiency Syndrome)의 약자란다.

밴드 에이드란?
반창고의 다른 말이야.
영어 단어 '에이드(aid)'에는
'돕다'라는 뜻이 있어.

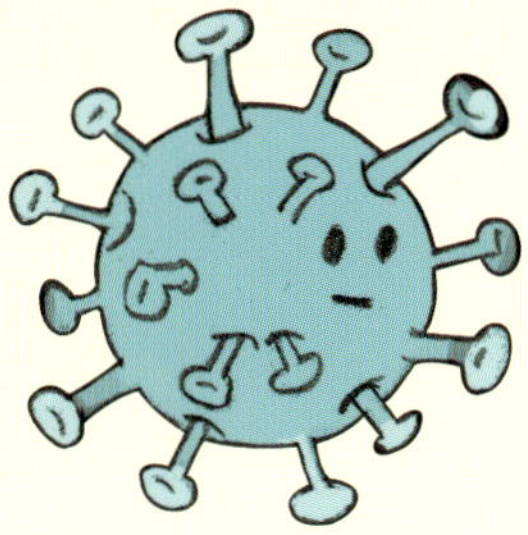

에이즈를 일으키는 바이러스는 에이치아이브이(HIV)라고 불러.
인간 면역 결핍 바이러스
(Human Immunodeficiency Virus)의 약자지.

"근데요, 왜 교실이나 운동장에서
애들이 빌을 피하는 거예요?"

볼거리나 홍역, 수두나 독감처럼
에이즈가 옮는다고 생각하니까 그런 거야.

바이러스는 보통 기침을 하거나 손으로 만질 때 퍼지지.
하지만 에이즈는 그렇게 옮겨 다니지 않아.

아기들은 날마다 물고 만지고 긁지만
그렇다고 에이즈에 걸리는 건 아니란다.

"그럼 빌은 왜 에이즈에 걸린 거예요?
빌이 애들한테 따돌림을 당해요."

조이, 너도 알지? 빌은 혈우병이 있어.
피가 천천히 굳어서 한번 피가 나면 잘 멈추지 않지.

피를 너무 많이 흘렸을 땐
때때로 수혈을 받아야 해.

몇 년 전에 빌이 피를 많이 흘려서 병원에 실려 갔을 때
그만 에이즈에 감염된 피를 수혈 받았던 거야.

피를 통해서 에이즈 바이러스가 전염된 거지.
그때는 피 검사로 에이즈에 걸린 피를 가려낼 수 없었거든.

"뭐라고요? 너무 끔찍해요.
백신이나 치료제는 없나요?"

얼마 전까지만 해도 빌이 살아남을 가능성은 거의 없었어.
지금은 연구가 발전해서 HIV를 보다 잘 관리할 수 있단다.

인간 면역 결핍 바이러스의 입자!

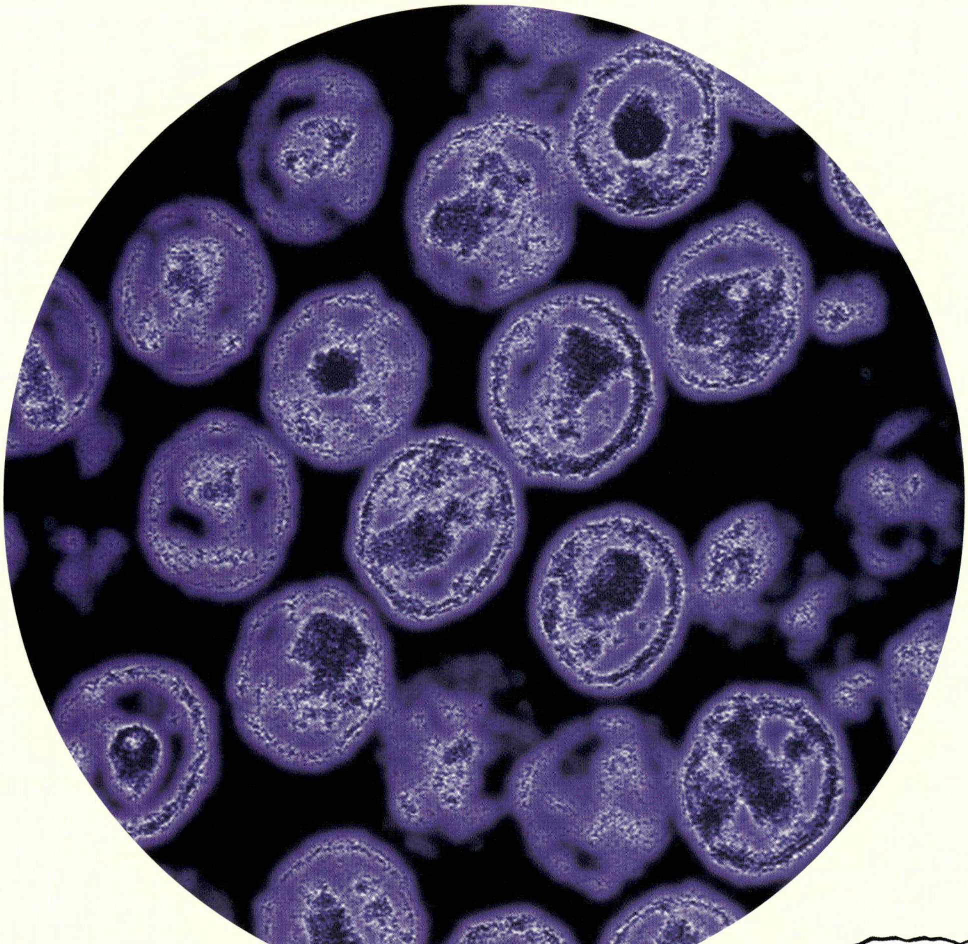

인간 면역 결핍 바이러스

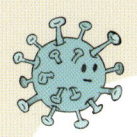

인간 면역 결핍 바이러스(HIV)는

인류 최악의 질병이라고 하는 에이즈(AIDS)를 일으켜.

에이즈는 '후천성 면역 결핍증'의 약자야.

에이즈에 걸리면 몸속으로 침략해 들어오는 세균에 대항하는 힘,

즉 '면역력'을 잃게 돼.

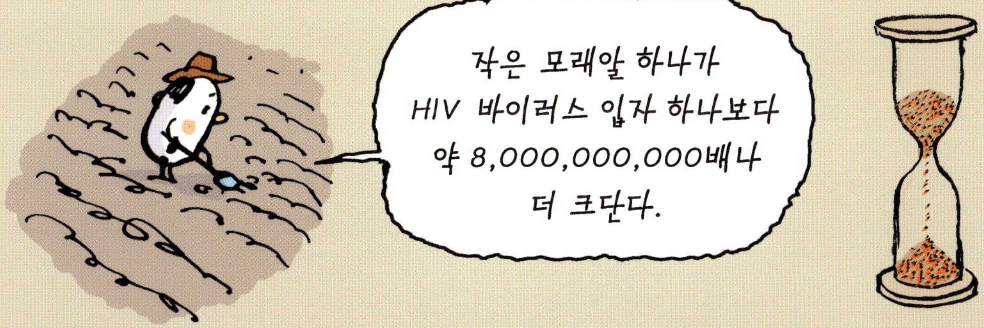

작은 모래알 하나가
HIV 바이러스 입자 하나보다
약 8,000,000,000배나
더 크단다.

세균들의 동물원

아기 배 속에도 할아버지 배 속에도
우리 모두의 배 속에도

엄청나게 많은 생물들이 살고 있어.
바로 세균들의 동물원이지.

태어난 지 얼마 되지 않았을 때부터
몸속에서 수백 가지의 세균들이 자라나.

마야가 물었어. "내 배 속에 있는 세균은
동생 길리 배 속에 있는 세균이랑 달라요?"

그럼, 사람마다 특별한 동물원을 갖고 있어.
사람마다 지문 모양이 모두 다른 것처럼.

배 속 세균들은 비타민을 만들고 음식물을 소화시켜.
나쁜 세균들이 들어오는 것도 막아 내지.

세균들이 음식물을 잘 소화시키지 못하면
어떤 사람은 살이 찌고 어떤 사람은 병에 걸려.

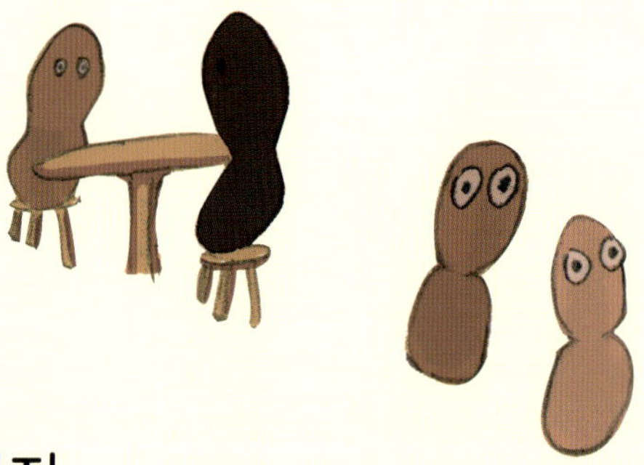

심장병, 고혈압, 당뇨병,
암, 담석증, 폐질환까지.

학교에서 환경 문제를 자주 이야기하지?
어떻게 자연을 보호하고 낭비를 막아야 할지.

지구 온난화는 이제 심각한 걱정거리가 됐어.
녹아내리는 빙산과 홍수를 눈앞에서 보게 됐지.

근데 그거 아니?
우리는 잘 느끼지 못하지만
그래서 관심을 끌지 못하지만
우리 몸속 환경도 아주 중요하단다.

그러니까 우리가 왜 아프고 건강한지,
왜 뚱뚱하고 말랐는지 가르쳐 주는 이야기,
우리 몸속 세균들의 동물원에 관한 이야기가
꼭 필요한 거야.

세균들의 동물원

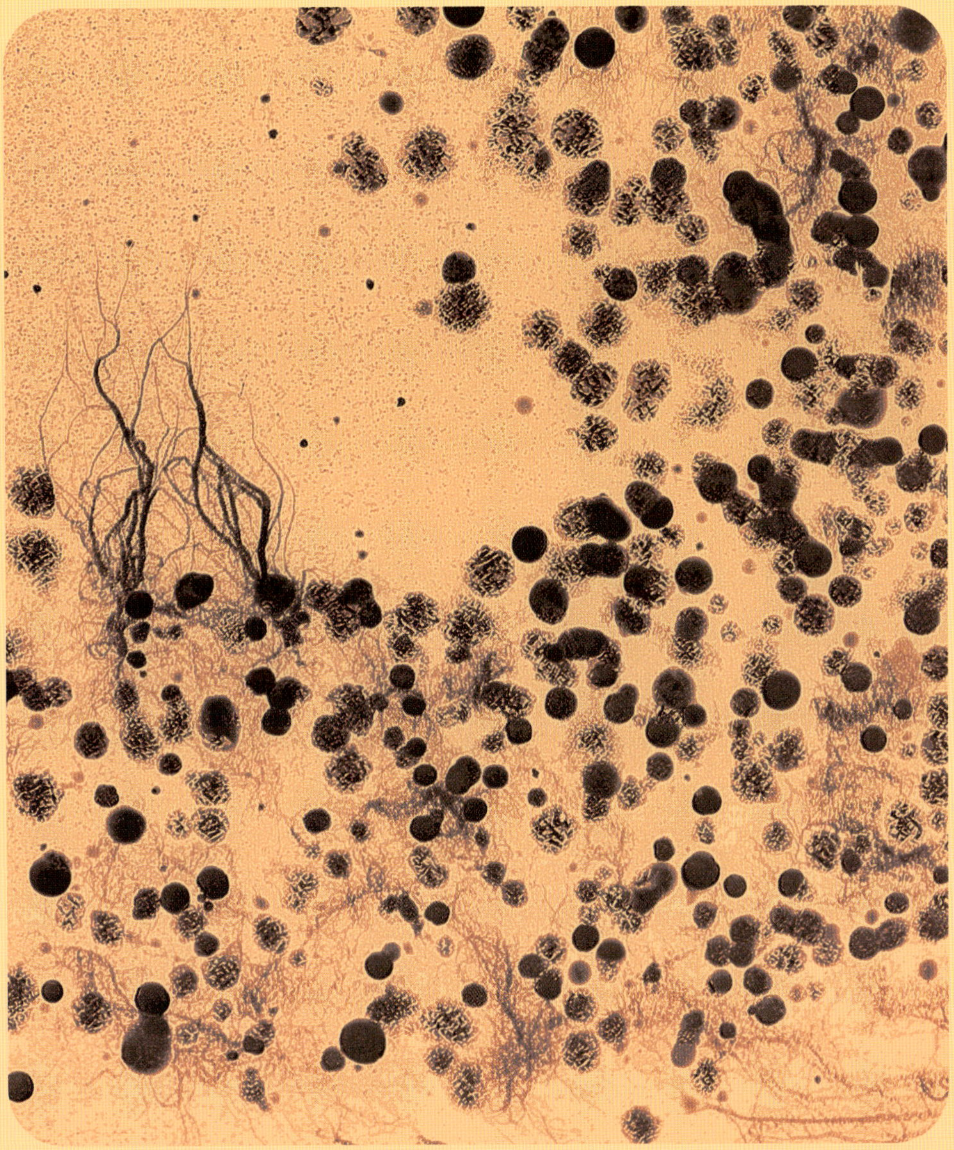

배 속에서 자라는 다양한 세균들이야.

파이로코커스 퓨리어서스

파이로코커스 퓨리어서스(*Pyrococcus furiosus*)는 섭씨 80도가 넘는 높은 온도에서 아주 빨리 헤엄쳐 다녀서 '활발한 불덩어리'라는 뜻의 이름이 붙었어. 이 세균은 최대 70개의 편모를 가지고 있지. 헤엄칠 때나 바이오필름을 만들기 위해 표면에 달라붙을 때 이 편모들을 사용해.

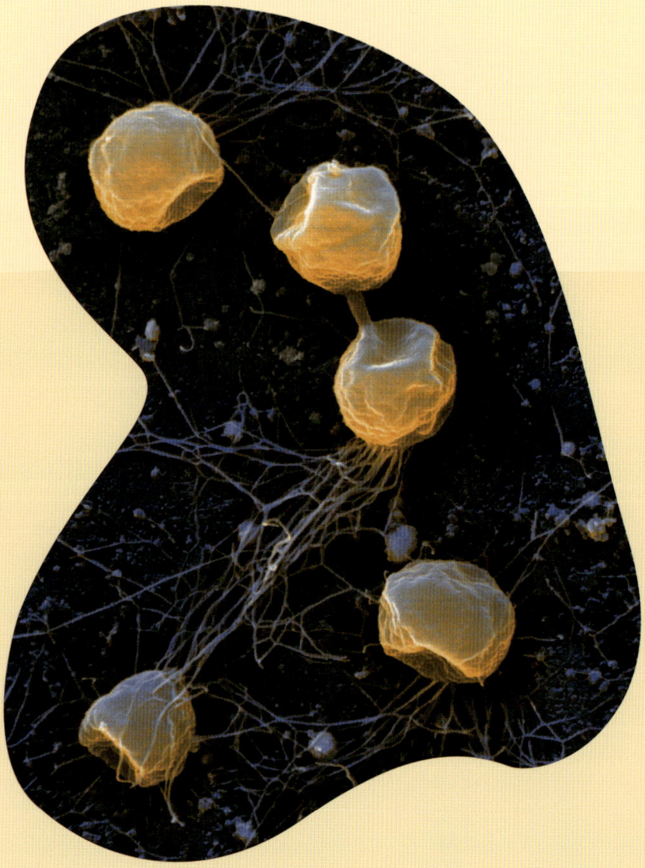

Jelly
젤리 병 하나에
이 활발한 불덩어리들이 약
354,880,000,000,000개나
들어간단다.

꼬마 과학자들을 위한 용어 사전

담석증 (Cholelithiasis)

쓸개에 돌이 생기는 병이에요.

곰팡이 (Mold)

몸이 실처럼 길고 가느다란 균사로 되어 있고, 무수히 많은 포자들로 번식해요. 넓은 의미의 곰팡이에는 점액균과 같은 세균도 포함되지요.

백신 (Vaccine)

죽거나 약해진 세균을 동물이나 사람에게 주입해서 특정 세균에 저항할 수 있는 항체를 만들게 해요. 우리 몸의 방어 능력, 즉 면역력을 기르게 해 주지요. 이 책에 나오는 장티푸스, 파상풍, 소아마비도 모두 백신으로 예방할 수 있어요.

단백질 (Protein)

아미노산으로 이루어진 단백질은 모든 세포의 중요한 구성 요소예요. 우리 몸속의 화학 작용을 돕는 효소도 단백질로 되어 있어요.

당뇨병 (Diabetes)

주로 몸속에 인슐린이라는 호르몬이 부족해서 생기며, 혈액과 소변 속에 과다한 당분이 들어 있는 질병이에요.

바이러스 (Virus)

세균의 크기보다 최대 1000분의 1정도 작은 미생물이에요. 땅, 물, 공기에서도 살 수 있는 세균(박테리아)과 달리, 바이러스는 영양분을 섭취하고 번식하기 위해 동·식물이나 세균 같은 살아 있는 세포 속에 기생해요.

군체 (Colony)

생물의 개체가 집단을 이루어 사는 것을 말해요. 세균도 주로 군체로 발견되지요. 수백만 개의 세균이 한 덩어리를 이루기도 하고, 때로는 하나의 세균이 하나의 군체를 이루기도 해요.

돌연변이 (Mutation)

세균의 특성이나 겉모양이 달라지는 것을 말해요. 유전자나 염색체의 구조에 변화가 생겨서 일어나요.

독소 (Toxin)

세균이 만들어 내는 독성 물질이에요. 이것이 몸에 들어가면 면역 방어가 일어나 항독소 물질이 생기기도 해요.

바이오필름 (Biofilm)

막과 같은 형태로 서로에게 달라붙어 있는 세균들의 집단이에요. 자연 속에 있는 세균들 가운데 약 90%가 바이오필름을 이루고 있어요.

미국 옐로스톤 국립 공원의 연못

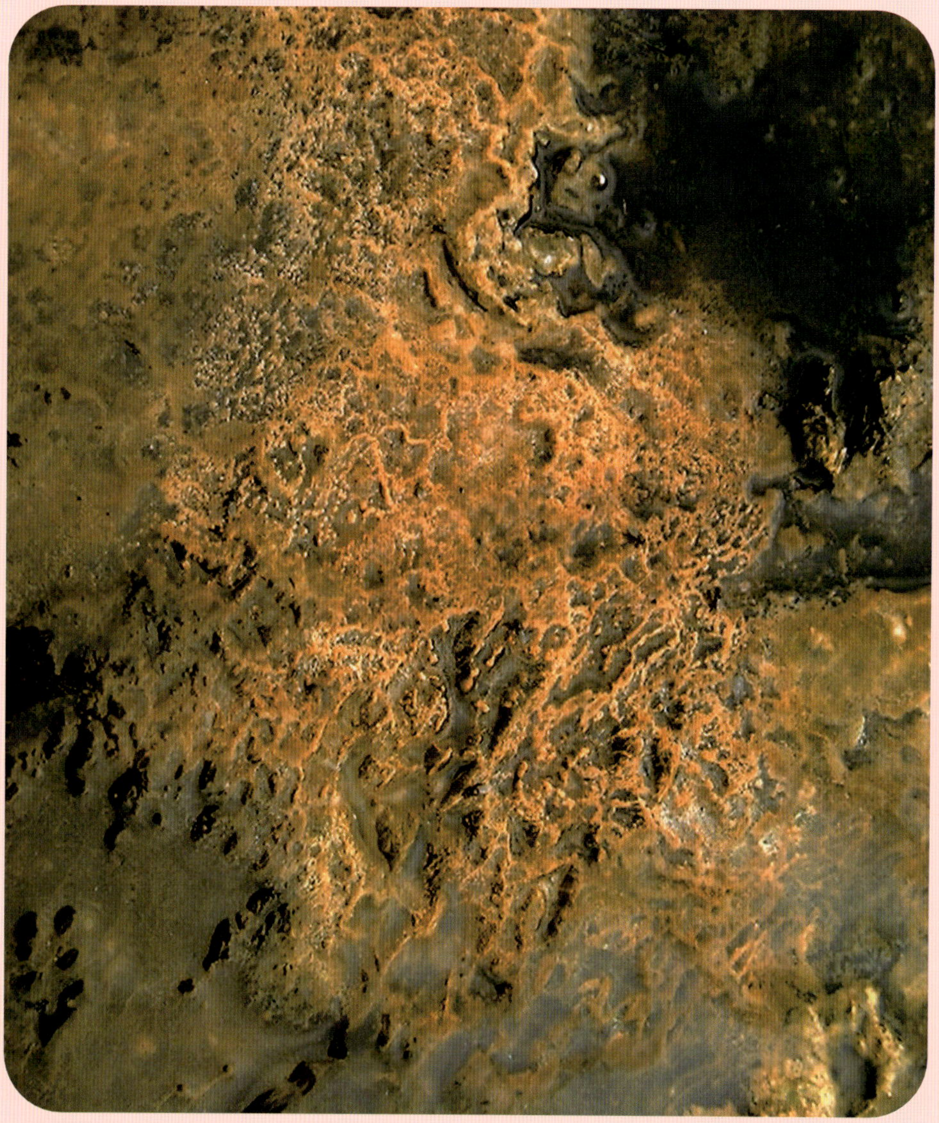

바위 표면에서 수많은 미생물들이
바이오필름을 이루며 자라고 있어.

보균자 (Carrier)

본인은 면역이 되었지만 다른 사람에게 옮길 수 있는 세균을 가지고 있는 사람을 말해요.

세균 (Bacteria)

대표적인 미생물로 '박테리아'라고도 해요. 병을 일으키기도 하고 음식물을 썩게 하기도 해요. 세균의 크기는 동·식물 세포의 1000분의 1정도로 맨눈으로는 볼 수 없어요. 공 모양의 '구균', 막대 모양의 '간균', 나선 모양의 '나선균'과 같이 모양이 다양해요.

살균제 (Microbicide)

우리 몸에 해로운 미생물을 죽이는 약이에요.

분자 (Molecule)

물질의 성질을 띠고 있는 가장 작은 화학적 단위예요. 하나 또는 그 이상의 원자로 이루어져 있지요. 예를 들어, 물을 이루는 분자는 H_2O예요.

볼거리 (Mumps)

'유행성 귀밑샘염'이라고도 해요. 볼거리 바이러스에 감염되어 생기며, 입안의 침샘 중 가장 큰 '귀밑샘'이 붓고 쑤시는 질병이에요.

세팔로스포린 (Cephalosporin)

대표적인 항생제 중 하나예요. 강력한 살균 작용으로 페니실린이 듣지 않는 세균에 의한 감염을 치료할 수 있어요.

아가 (Agar)

해조류인 우뭇가사리를 끓여서 식혀 만든 말랑말랑한 젤리 형태의 물질이에요. 미생물을 배양하는 데 널리 쓰여요.

아데노신삼인산 (ATP)

세포들이 에너지원으로 사용하는 물질이에요. 약자로 '에이티피(ATP)'라고 하지요. 세포 안에서 영양분이 산화되는 과정에서 만들어져요. 몸속에 저장된 아데노신삼인산이 분해되면서 발생하는 에너지는 근육의 수축, 시각 기능과 같은 다양한 생명 활동에 쓰여요.

에이즈 (AIDS)

'후천성 면역 결핍증'(Acquired Immuno Deficiency Syndrome)의 약자예요.

에이치아이브이 (HIV)

'인간 면역 결핍 바이러스'(Human Immunodeficiency Virus)의 약자예요.

점액 (Mucus)

동·식물이나 세균에서 분비되는 끈끈한 물질이예요.

항독소 (Antitoxin)

특정한 독소에 반응해서 몸속에서 만들어진 항체를 말해요. 독소가 활발하게 움직이는 것을 막아 주지요.

폴리 피 (Poly P)

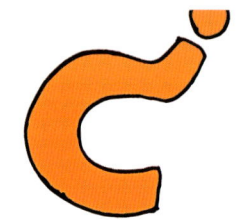

수백 개의 산소와 인 (원소기호 P) 원자들이 연결된 폴리 피 사슬은 지구상의 생명의 기원과 관계가 있을 것이라 알려져 있어요. 세균, 곰팡이, 식물, 인간과 같은 자연의 모든 세포에서 중요한 기능을 해요.

항체 (Antibody)

우리 몸은 외부로부터 병을 일으키는 독소나 세균이 침입하면 특수한 단백질로 된 항체를 많이 만들어요. 항체는 나쁜 세균의 움직임을 누그러뜨리거나 없애요.

포자 (Spore)

미생물은 열, 건조함, 화학 물질에 저항하기 위해 여러 겹의 막으로 둘러싸인 포자 구조를 활용해요. 다양한 미생물에서 관찰할 수 있지요. 포자는 오랜 세월이 흐른 뒤에도 다시 싹터 활동할 수 있어요.

편모 (Flagella)

미생물에 붙어 있는 꼬리처럼 길고 가는 세포 기관이에요. 단백질로 되어 있지요. 미생물이 움직이는 데 필요해요.

현미경 (Microscope)

인간의 눈으로 관찰할 수 없는 미세한 물체나 미생물을 확대해서 관찰하는 기구예요. 현미경에는 물체에 빛을 비추어 볼록렌즈로 확대시키는 '광학 현미경'과, 광학 현미경으로 관찰할 수 없는 작은 바이러스까지 관찰할 수 있는 '전자 현미경'이 있어요.

효모균 (Yeast)

곰팡이처럼 핵이 있는 진핵 세포인 효모균은 세균보다 더 크고 복잡하게 생겼어요. 동 · 식물의 세포와 닮았지요. 작은 돌기 같은 것이 생긴 후 그것이 점점 자라 또 다른 개체가 되는 '출아법'으로 번식하기도 해요. 빵을 굽거나 술을 만들 때 사용하는 유익한 미생물이에요.

항생 물질 / 항생제 (Antibiotics)

다양한 종류의 미생물들 (보통 땅속에 사는 미생물들)이 내보내는 화학 물질이에요. 항생 물질로 만든 '항생제'는 해로운 미생물들을 자라지 못하게 하거나 죽일 수 있어요. 대표적인 항생 물질로는 페니실린, 세팔로스포린, 스트렙토마이신이 있어요.

혈우병 (Hemophilia)

피가 굳어지지 않아 한번 피가 나면 잘 멈추지 않는 유전병이에요.

효소 (Enzyme)

세포들이 만들어 내는 단백질로서 음식물의 소화와 같은 몸속의 화학 작용을 돕는 촉매의 역할을 해요.

미코플라스마 모빌레이

미코플라스마 모빌레이(*Mycoplasma mobile*)는 유리판과 같은 딱딱한 표면 위에서 독특한 다리와 발(아래 사진에서 노란색과 빨간색으로 표시한 부분)로 미끄러지듯 움직일 수 있어.

아이스크림 막대기는
미코플라스마 모빌레이
한 개보다 적어도
1,143,000배 더 길어.

“작은 괴물들”의 세계를 찍는 법

미생물의 세계를 사진에 담는 방법은 아주 다양해요.
미생물의 크기가 너무나도 다양하기 때문이지요. 몇 밀리미터에서 몇 미터에 이르는 다양한 크기로 접시 위나 연못 속 돌멩이에 붙어 있는 미생물 군체는 일반 카메라로도 쉽게 촬영할 수 있어요. 하지만 낱낱의 세포처럼 훨씬 더 작은 물체를 찍으려면 광학 현미경이나 전자 현미경을 장착한 카메라가 필요해요.

100만분의 1미터, 즉 마이크로미터 크기의 작은 미생물을 찍을 때는 광학 현미경을 사용하고, 그보다 더 작은 세균은 전자 현미경으로 촬영해요. 이렇게 촬영한 사진들은 보통 흑백 사진인데 인공적으로 색을 입힐 수 있어요. 이러한 방법을 사용하면 미생물이 대조를 이루며 더 선명하게 보이지요. 그 결과물은 아주 아름다운 사진 작품이 되기도 해요.

이 책에 실린 모든 사진들은 로베르토 콜터 박사가 포토샵 프로그램을 사용해서 편집하고 색을 조절한 거예요. 8쪽, 27쪽, 45쪽, 58쪽, 64쪽, 70쪽, 75쪽, 78쪽의 사진은 로베르토 콜터 박사가 촬영했어요. 그 밖의 사진을 찍은 사람들은 아래를 참고하세요.

- 20쪽 : E. 피터 그린버그, 제레미 야우드
- 21쪽 : R.P. 로스
- 26쪽 : 에두아르도 그로이스만
- 32쪽 : 애덤 드릭스
- 38쪽 : 마이클 썸
- 39쪽 : 데이비드 엥겔베르크
- 44쪽 : 에르네스토 가르시아
- 48쪽 : 데일 카이저
- 49쪽 : 이브 브랭, 데이비드 화이트
- 53쪽 사진 : www.hpylori.com.au의 동의를 얻음
- 76쪽 : 라인하르트 워스
- 81쪽 : 마코토 미야타

할아버지와 손자 손녀들이 함께 만든 책

로저!
세균들의 모험담을
너의 아이들에게도
들려주마!

오래전, 아서 콘버그 박사는 세 아들 로저, 톰, 켄에게 세균 세계의 영웅과 악당들에 관한 이야기와 세균을 연구하는 과학자들의 모험담을 들려주었어요. 로저, 톰, 켄이 '미생물 이야기'로 배웠던 것처럼, 그들의 아이들인 길리, 가이, 제시카, 마야, 로스, 소피, 잭, 조이도 이 이야기의 열렬한 독자가 되었고, 책으로 만들어지기까지 활력을 불어넣어 주었어요. 아이들의 호기심 어린 질문과 할아버지의 평생의 연구가 한데 모여 "작은 괴물들"이 사는 "세균들의 동물원"을 생생하게 그려 냈어요. 이 책 《노벨상 수상자가 들려주는 미생물 이야기》는 이렇게 만들어졌답니다.

훗날 아버지를 이어
노벨상을 수상하게 될
로저 콘버그야.

바로 이분이
아서 콘버그 박사님
이셔!

1959년 DNA 중합 효소를 발견한 공로로 노벨 생리의학상을 수상하기 위해 가족과 함께 스웨덴의 스톡홀름으로 가는 길. 왼쪽부터 첫째 아들 로저, 셋째 아들 켄, 아내 실비 콘버그, 아서 콘버그 박사, 둘째 아들 톰. 47년 후인 2006년에 로저는 아버지의 뒤를 이어 노벨 화학상을 수상했다.

박사님의 이 귀여운
손자 손녀들 중에서도
노벨상 수상자가
나오지 않을까?

왼쪽부터 시계방향으로 제시카, 소피, 로스, 가이, 잭, 마야, 길리, 조이.

이 책의 그림에 관하여

애덤 알라니츠는 신기하고 익살스런 세균 그림들을 그리기 위해 많은 학술 자료를 읽고 세균 사진과 전자 현미경 사진을 보며 열심히 공부했대요.

군데군데 들어간 작은 그림들은 수채, 펜, 잉크로, 한 면을 가득 채우는 큰 그림들은 종이에 그린 다음 컴퓨터로 덧그린 거예요.

Jelly